editores *unidos*

LA REVOLUCIÓN
MEXICANA
R. FLORES MAGÓN

Diseño de portada: *Alberto Diez*

Editores Mexicanos Unidos, S.A.
Luis González Obregón 5-B
C.P. 06020 Tels: 521-88-70 al 74
Miembro de la Cámara Nacional
de la Industria Editorial. Reg. No. 115
La presentación y composición tipográficas
son propiedad de los editores

ISBN 968-15-0527-1

**Oficio No. 8927 de la Dirección General
Del derecho del Autor.**

3a. edición, noviembre de 1985

Distribuidor exclusivo en España:
EDIMUSA, S.A.
Ausias March 130, Tienda Derecha
Barcelona 13.

Impreso en México
Printed in Mexico

prólogo

FLORES MAGON

Ricardo Flores Magón (1873-1922), periodista, escritor, doctrinario anarquista y fundador del Partido Liberal, fue uno de los más importantes precursores ideológicos de la Revolución Mexicana.

Continuador de la tradición revolucionaria de la Independencia y la Reforma, lanzó en 1906 un programa político y social que unificó a buena parte de quienes se oponían al régimen de Porfirio Díaz.

Junto a sus hermanos Jesús y Enrique, a Práxedis Guerrero, Juan Sarabia, Librado Rivera, Manuel Sarabia, Anselmo L. Figueroa, Gutiérrez de Lara y otros militantes populares, libró una sostenida e indeclinable lucha contra la dictadura porfirista y el imperialismo, llevando a cabo una vehemente prédica revolucionaria en favor de la abolición de la propiedad privada, la socialización de las riquezas del país y la instauración en México de un régimen al que definía como *comunismo anarquista*.

Flores Magón y sus compañeros canalizaron buena parte de esa prédica a través de *Regeneración*, un periódico de combate y doctrina que apareció por primera vez el 7 de agosto de 1900, en la ciudad de México, con la dirección de los hermanos Flores Magón y Antonio Horcasitas.

La aparición de *Regeneración*, que coincidió con la fundación del Partido Liberal, constituyó un importante avance cualitativo en la lucha contra Díaz. Desde las páginas del periódico se marcaron a fuego los excesos, los vicios y los desmanes del porfiriato. Se desnudó el carácter clasista de la dictadura y se atacó ferozmente a los terratenientes y empresarios que sostenían a Díaz.

Paralelamente, se convoca a los campesinos y trabajadores a una lucha revolucionaria total, cuyo objetivo era la constitución de una sociedad igualitaria, basada en la propiedad común de la tierra y de todos los medios de producción.

La constitución del Partido Liberal, que dio a *Regene-*

ración una base social organizada, otorgó a las ideas magonistas una influencia decisiva a todos los niveles. Lector de Réclus, de Bakunin, de Malatesta y Kropotkin, Flores Magón delineó en las páginas del periódico las bases fundamentales que a su criterio debían sustentar a la sociedad mexicana una vez que Díaz fuese derrocado. Para él, la lucha revolucionaria debía tender a la instauración de un régimen en el cual el poder político estuviese en manos de las clases populares y *asegurase a todos los habitantes de México la libertad económica*.

Esa libertad económica se basaba, para Flores Magón, en la abolición de la propiedad privada de la tierra. La expropiación de las grandes haciendas —decía— debía realizarse en pleno proceso revolucionario, sin esperar que la hiciera el nuevo gobierno que se instalaría una vez derrocada la dictadura:

¿Qué necesidad hay de aplazar la expropiación de la tierra para cuando se establezca un nuevo Gobierno? En la presente insurrección, cuando el movimiento esté en toda su fuerza y el Partido Liberal haya logrado la preponderancia necesaria, esto es, cuando la fuerza del Partido pueda garantizar el éxito de la expropiación, es cuando debe hacerse efectiva la toma de posesión de la tierra por el pueblo, y entonces ya no podrán ser burladas las aspiraciones de los desheredados.

Crítico encarnizado de Madero, a quien acusaba de estar contra Díaz por no haber recibido de la dictadura las mismas ventajas y canongías que otros empresarios, Flores Magón definió a través de las páginas de *Regeneración* una posición ideológica radicalmente distinta y esencialmente contrapuesta a las formulaciones programáticas del *maderismo*:

El interés de la clase rica (a la cual pertenecía Madero) *es que la humanidad continúe dividida en dos clases; el interés de la clase pobre es que termine esa división de clases y no quede más que una: la de los trabajadores, y esto solamente se conseguirá cuando los pobres tomen posesión, por medio de la fuerza, de la tierra y de la maquinaria que tienen en su poder los ricos.*

Del mismo modo, *Regeneración* se definió categóricamente contra las elecciones y los políticos profesionales y en favor de la guerra social, que para Flores Magón iba mucho más allá de la lucha contra Díaz:

El capitalismo ríe cuando el trabajador emplea la boleta electoral para conquistar su libertad económica; pero tiembla cuando el trabajador hace pedazos, indignado, las boletas, que sólo sirven para nombrar parásitos, y empuña el rifle para arrancar resueltamente de las manos del rico el bienestar y la libertad.

Planteos de ese tipo no podían formularse impunemente en el México de Díaz, y el *magonismo* sufrió las consecuencias de llevar adelante esa prédica. Flores Magón y muchos de sus compañeros fueron amenazados de muerte y encarcelados en reiteradas oportunidades; las oficinas y la imprenta de *Regeneración*, saboteadas y finalmente confiscadas.

La persecución de la dictadura contra el magonismo culminó con la clausura de *Regeneración* el 7 de octubre de 1901, y la de varios periódicos editados posteriormente por Flores Magón y el Partido Liberal: *El Demófilo, El Hijo del Ahuizote, El Padre del Ahuizote, El Nieto del Ahuizote*, y muchos otros.

Regeneración reapareció en noviembre de 1904, en San Antonio, Texas, donde se refugió Flores Magón para huir de la persecución porfirista. El largo brazo de la dictadura, no obstante, llegó también a Estados Unidos y Flores Magón y sus compañeros fueron perseguidos y encarcelados varias veces. *Regeneración* no encontró condiciones favorables para su publicación en casi ningún lugar de Estados Unidos, porque los impresores que accedían a editarlo eran perseguidos, amenazados y aterrorizados. Así, el periódico apareció sucesivamente en San Antonio, en Los Angeles, otra vez en San Antonio, donde se podía. En enero de 1908 dejó de editarse y volvió a circular en abril, pero en mayo su imprenta fue destruida y *Regeneración* desapareció hasta 1910.

En el ínterin, Flores Magón fue enviado a la cárcel varias veces y clausurada *Punto Rojo*, una revista que apareció en 1909 en Texas como sucesora de *Regeneración*. El 3 de septiembre de 1910 *Regeneración* se editó nuevamente, en Los Angeles, con artículos en español e inglés, pero en junio de 1911 Flores Magón fue arrestado otra vez por la policía de Estados Unidos y el periódico fue suspendido. Reapareció cuando Flores Magón salió de la cárcel, pero en 1912 un nuevo encarcelamiento de su director hizo que el periódico se publicara irregularmente, editado por Blas Lara, hasta enero de 1914, cuando Flores Magón recobró la libertad. En febrero de 1916 Flores Magón fue detenido nuevamente, lo que se repitió en octubre de 1917 y en marzo de 1918. Finalmente, en 1918 Flores Magón fue condenado a 20 años de prisión y *Regeneración* desapareció para siempre.

Durante todo ese proceso Flores Magón recibió tentadoras ofertas del *maderismo* y de los gobiernos mexicanos. Se le propuso la vicepresidencia de la República, dinero, tranquilidad, honores y un retorno pacífico a México, a cambio de abandonar sus principios y su lucha. Flores Magón rechazó esos ofrecimientos y siguió su batalla, enfrentando todos los riesgos, viviendo en la miseria, enfermo y constantemente perseguido. El 20 de noviembre de 1922, Flores Magón murió en la cárcel de Leavenworth, Kansas.

Hay historiadores que sostienen que Flores Magón fue asesinado en esa cárcel de Kansas. No obstante, hasta hoy no ha podido probarse. Quizá, como sostienen otros biógrafos, simplemente lo dejaron morir en su celda, enfermo y sin asistencia médica adecuada.

Un documento oficial parece respaldar esta segunda hipótesis. Fue escrito en 1921, por el Procurador de Justicia, en respuesta a una carta en la que se pedía la libertad de Flores Magón. Allí se dice:

Ciertamente, Magón está enfermo; pero todavía puede vivir unos años más y, por tanto, pagar a la justicia siquiera esos cuantos años.

Lo que Flores Magón debía pagar a la justicia era el precio de una lucha revolucionaria indeclinable y radical, con la cual se puede discrepar pero cuyo valor histórico es imposible desconocer.

Esta selección de artículos y discursos constituye precisamente un testimonio acabado y completo de esa lucha y del contenido ideológico del pensamiento de Flores Magón, uno de los hombres que más intensamente gravitó en el proceso político mexicano de la época moderna.

E.P.

CLARINADA DE COMBATE

¡Mentira que la virtud se anide en los espíritus sufridos, piadosos y obedientes!

¡Mentira que la bondad sea un signo de mansedumbre, mentira que el amor a nuestros semejantes, que el anhelo de aliviar sus penas y sacrificarse por su bienestar, sea una cualidad distinta de las almas apacibles, tiernas, eternamente arrodilladas y eternamente sometidas!

¿Que es un deber sufrir sin desesperarse, sentir sobre sí el azote de la inclemencia, sin repeler la agresión, sin un gesto de coraje?

¡Pobre moral la que encierre la virtud en el círculo de la obediencia y la resignación!

¡Innoble doctrina la que repudie el derecho de resistir y pretenda negar la virtud a los espíritus combatientes, que no toleran ultrajes y rehúsan declinar sus albedríos!

No es verdad que la sumisión revele alteza de sentimientos; por el contrario, la sumisión es la forma más grosera del egoísmo: es el miedo.

Son sumisos los que carecen de la cultura moral suficiente para posponer la propia conservación a las exigencias de la dignidad humana; los que huyen del sacrificio y el peligro, aunque se hundan en el oprobio; los cobardes incorregibles que en todos los tiempos han sido un grave obstáculo para el triunfo de las ideas emancipadoras.

Los sumisos son los traidores del progreso, los rezagados despreciables que retardan la marcha de la humanidad.

Jamás el altruismo ha germinado en esos temperamentos morbosos y amilanados; el altruismo es patrimonio de los caracteres fuertes, de los abnegados que aman demasiado a los demás para olvidarse de sí mismos.

¡Mentira que la sumisión sea un acto digno de encomio, mentira que la sumisión sea una prueba de sanidad espiritual! Los que se someten, los que renuncian al ejercicio de sus derechos, no sólo son débiles: son también execrables. Ofrecer el cuello al yugo sin protestas, sin enojo, es castrar las potencias más preciadas del hombre, hacer obra de degradación, de propio envilecimiento; es infamarse a sí mismo y merecer el desprecio que mortifica y el anatema que tortura.

No hay virtud en el servilismo. Para encontrarla en esta agria época de injusticias y opresiones, hay que levantar la vista a las alturas luminosas, a las conciencias libres, a las almas batalladoras.

Los apóstoles serenos que predicando la paz y el bien conquistaban la muerte; los avocados al sacrificio; los que creían sacrificarse marchando indefensos al martirio; los virtuosos del cristianismo, no surgen ni son necesarios en nuestros días: se ha extinguido esa casta de luchadores, desapareció para siempre envuelta en el sudario de sus errores místicos. Con su ejemplo nos legaron una enseñanza viva de que la mansedumbre es la muerte. Predicaron y sufrieron. Fueron insultados, escupidos, pisoteados y jamás levantaron la frente indignada. La gestación de sus ideas fue muy lenta y muy penosa; el triunfo, imposible. Faltó en ellos la violencia para demoler los castillos del retroceso, la pujanza bélica para abatir al enemigo y enarbolar con férreo puño los estandartes vencedores. Su ejemplo de corderos no seduce a las nuevas falanges de reformistas, sublimes por su consagración al ideal, pero perfectamente educados en la escuela de la resistencia y las agresiones.

Luchar por una idea redentora es practicar la más bella de las virtudes: la virtud del sacrificio fecundo y desinteresado. Pero luchar no es entregarse al martirio o buscar la muerte. Luchar es esforzarse por vencer. La lucha es la vida, la vida encrespada y rugiente que abomina el suicidio y sabe herir y triunfar.

Luchemos por la libertad; acudid a nuestras filas los modernos evangelistas, fuertes y bienhechores, los que predican y accionan, los libertarios de conciencias diáfanas que sepan sacrificar todo por el principio, por el amor a la humanidad; los que estén dispuestos a desdeñar peligros y hollar la arena del combate donde han de reproducirse escenas de barbarie, fatalmente necesarias, y donde el valor es aclamado y el heroísmo tiene seductoras apoteosis.

¡Acudid los cultores del ideal, los emancipados del

miedo, que es negro egoísmo! ¡Acudid; no hay tiempo que perder!

Concebir una idea es comenzar a realizarla. Permanecer en el quietismo, no ejecutar el ideal sentido, es no accionar; ponerlo en práctica, realizarlo en toda ocasión y momento de la vida es obrar de acuerdo con lo que se dice y predica. Pensar y accionar a un tiempo debe ser la obra de los pensadores; atreverse siempre y obrar en toda ocasión debe ser la labor de los soldados de la libertad.

La abnegación empuja al combate: apresurémonos a la contienda más que para nosotros mismos, por nuestros hijos, por las generaciones que nos sucedan y que llamarán a nuestras criptas, para escarnecernos si permanecemos petrificados, si no destruimos este régimen de abyección en que vivimos, para saludarnos con cariño, si somos leales al glorioso escudo de la humanidad que avanza.

Laboremos para el futuro, para ahorrar dolores a nuestros pósteros. Es fuerza que destruyamos esta ergástula de miseria y vergüenza; es fuerza que preparemos el advenimiento de la sociedad nueva, igualitaria y feliz.

No importa que perezcamos en la azarosa refriega; de todos modos habremos conquistado una satisfacción más bella que la de vivir: satisfacción de que en nuestro nombre la historia diga al hombre de mañana, emancipado por nuestro esfuerzo:

"Hemos derramado nuestra sangre y nuestras lágrimas por ti. Tú recogerás nuestra herencia.

"Hijo de los desesperados, tú serás un hombre libre."

(De *Revolución*, junio 1o. de 1907)

VAMOS HACIA LA VIDA

No vamos los revolucionarios en pos de una quimera: vamos en pos de la realidad. Los pueblos ya no toman las armas para imponer un dios o una religión; los dioses se pudren en los libros sagrados; las religiones se deslíen en las sombras de la indiferencia. El Korán, los Vedas, la Biblia, ya no esplenden: en sus hojas amarillentas agonizan los dioses tristes como el sol en crepúsculo de invierno.

Vamos hacia la vida. Ayer fue el cielo el objetivo de los pueblos: ahora es la tierra. Ya no hay manos que empuñen las lanzas de los caballeros. La cimitarra de Alá yace en las vitrinas de los museos. Las horas del dios de Israel se hacen ateas. El polvo de los dogmas va desapareciendo al soplo de los años.

Las grandes conmociones sociales que tuvieron su génesis en las religiones, han quedado petrificadas en la historia. La revolución francesa conquistó el derecho de pensar, pero no conquistó el derecho de vivir, y a tomar ese derecho se disponen los hombres conscientes de todos los países y de todas las razas.

Todos tenemos derecho de vivir, dicen los pensadores, y esta doctrina humana ha llegado al corazón de la gleba como un rocío bienhechor. Vivir, para el hombre, no significa vegetar. Vivir significa ser libre y ser feliz. Tenemos, pues, todos derecho a la libertad y a la felicidad.

La desigualdad social murió en teoría al morir la metafísica por la rebeldía del pensamiento. Es necesario que muera en la práctica. A este fin encaminan sus esfuerzos todos los hombres libres de la Tierra.

He aquí por qué los revolucionarios no vamos en pos de una quimera. No luchamos por abstracciones, sino por materialidades. Queremos tierra para todos, para todos pan. Ya que forzosamente ha de correr sangre, que las conquistas que se obtengan beneficien a todos y no a determinada casta social.

Por eso nos escuchan las multitudes; por eso nuestra voz llega hasta las masas y las despierta, y, pobres como somos, podemos levantar un pueblo.

Somos la plebe; pero no la plebe de los faraones, mustia y doliente; ni la plebe de los césares, abyecta y servil; ni la plebe que bate palmas al paso de Porfirio Díaz. Somos la plebe rebelde al yugo; somos la plebe de Espartaco, la plebe con que Munzer proclama la igualdad, la plebe que con Camilo Desmoulins aplasta la Bastilla, la plebe que con Hidalgo incendia Granaditas, somos la plebe que, con Juárez sostiene la Reforma.

Somos la plebe que despierta en medio de la francachela de los hartos y arroja a los cuatro vientos como un trueno esta frase inolvidable: "¡Todos tenemos derecho a ser libres y felices!" Y el pueblo, que ya no espera que descienda a algún Sinaí la palabra de Dios grabada en unas tablas, nos escucha. Debajo de las burdas telas se inflaman los corazones de los leales. En las negras pocilgas, donde se amontonan y pudren los que fabrican la felicidad de los de arriba, entra un rayo de esperanza. En los surcos medita el peón. En el vientre de la tierra el minero repite la frase a sus compañeros de cadenas. Por todas partes se escucha la respiración anhelosa de los que van a rebelarse. En la oscuridad, mil manos nerviosas acarician el arma y mil pechos impacientes consideran siglos los días que faltan para que se escuche este grito de hombres: ¡rebeldía!

El miedo huye de los pechos. Sólo los viles lo guardan. El miedo es un fardo pesado, del que se despojan los valientes que se avergüenzan de ser bestias de carga. Los fardos obligan a encorvarse y los valientes quieren andar erguidos. Si hay que soportar algún peso, que sea un peso digno de titanes. Que sea el peso del mundo o de un universo de responsabilidades.

¡Sumisión!, es el grito de los viles; ¡rebeldía!, es el grito de los hombres.

Vamos hacia la vida; por eso se alienta la gleba, por eso ha despertado el gigante y por eso no retroceden los bravos. Desde su Olimpo, fabricado sobre las piedras de Chapultepec, un Júpiter de Zarzuela pone precio a las cabezas de los que luchan. Sus manos viejas firman sentencias de caníbales; sus canas deshonradas se rizan como los pelos de un lobo atacado de rabia. Deshonra de la ancianidad, este viejo perverso se aferra a la vida con la desesperación de un náufrago. Ha quitado la vida a miles de hombres y lucha a brazo partido con la muerte para no perder la suya.

No importa. Los revolucionarios vamos adelante. El abismo no nos detiene: el agua es más bella despeñándose.

Si morimos, moriremos como soles: despidiendo luz.

(De *Revolución*, julio de 1907)

LOS ILEGALES

El verdadero revolucionario es un ilegal por excelencia. El hombre que ajusta sus actos a la Ley podrá ser a lo sumo, un buen animal domesticado; pero no un revolucionario.

La Ley conserva, la Revolución renueva. Por lo mismo, si hay que renovar, hay que comenzar por romper la Ley.

Pretender que la Revolución sea hecha dentro de la Ley, es una locura, es un contrasentido. La Ley es yugo, y el que quiera librarse del yugo tiene que quebrarlo.

El que predica a los trabajadores que dentro de la Ley puede obtenerse la emancipación del proletariado, es un embaucador, porque la Ley ordena que no arranquemos de las manos del rico la riqueza que nos ha robado, y la expropiación de la riqueza para el beneficio de todos es la condición sin la cual no puede conquistarse la emancipación humana.

La Ley es un freno, y con frenos no se puede llegar a la Libertad.

La Ley castra, y los castrados no pueden aspirar a ser hombres.

Las libertades conquistadas por la especie humana son la obra de los ilegales de todos los tiempos que tomaron las leyes en sus manos y las hicieron pedazos.

El tirano muere a puñaladas, no con artículos del código.

La expropiación se hace pisoteando la Ley, no llevándola a cuestas.

Por eso los revolucionarios tenemos que ser forzosamente ilegales. Tenemos que salirnos del camino trillado de los convencionalismos y abrir nuevas vías en sus carnes viejas los surcos que dejó nuestro látigo al caer.

Aquí estamos, con la antorcha de la Revolución en una mano y el Programa del Partido Liberal en la otra, anunciando la guerra. No somos gemebundos mensajeros de paz; somos revolucionarios. Nuestras boletas electorales van a ser las balas que disparen nuestros fusiles. De hoy en adelante, los marrazos de los mercenarios del César no encontrarán el pecho inerme del ciudadano que ejercita sus funciones cívicas, sino las bayonetas de los rebeldes prontas a devolver golpe por golpe.

Sería insensato responder con la ley a quien no respeta la ley; sería absurdo abrir el Código para defendernos de la agresión del puñal o de la Ley Fuga. ¿Talionizan? ¡Talionicemos! ¿A balazos se nos quiere someter? ¡Sometámoslos a balazos también!

Ahora, a trabajar. Que se aparten los cobardes: no los queremos; para la Revolución sólo se alistan los valientes.

Aquí estamos, como siempre en nuestro puesto de combate. El martirio nos ha hecho más fuertes y más resueltos: estamos prontos a más grandes sacrificios. Venimos a decir al pueblo mexicano que se acerca el día de su liberación. A nueva vista está la espléndida aurora del nuevo día; a nuestros oídos llega el rumor de la tormenta salvadora que está próxima a desencadenarse; es que fermenta el espíritu revolucionario; es que la Patria entera es un volcán a punto de escupir colérico el fuego de sus entrañas. "¡No más paz!", es el grito de los valientes; mejor la muerte que esta paz infame. La melena de los futuros héroes flota al aire a los primeros soplos de la tragedia que se avecina. Un acre, fuerte y sano aliento de guerra vigoriza el medio afeminado. El apóstol va anunciando de oído en oído cómo y cuándo comenzará la catástrofe, y los rifles aguardan impacientes el momento de abandonar el escondite en que yacen, para lucir altaneros bajo el sol de los combates.

Mexicanos: ¡a la guerra!

(De *Regeneración*, septiembre 8 de 1910)

LOS UTOPISTAS

Rebeldía y legalidad son términos que andan a la greña. Queden, pues, la Ley y el Orden para los conservadores y los farsantes.

"¡Ilusos, utopistas!", esto es lo menos que se nos dice, y éste ha sido el grito de los conservadores de todos los tiempos contra los que tratan de poner el pie fuera del cerco que aprisiona al ganado humano.

"¡Ilusos, utopistas!", nos gritan, y cuando saben que en nuestras reivindicaciones se cuenta la toma de posesión de la tierra para entregársela al pueblo, los gritos son más agudos y los insultos más fuertes: "¡ladrones, asesinos, malvados, traidores!", nos dicen.

Y sin embargo, es a los ilusos y a los utopistas de todos

los tiempos a quienes debe su progreso la humanidad. Lo que se llama civilización, ¿qué es si no el resultado de los esfuerzos de los utopistas? Los soñadores, los poetas, los ilusos, los utopistas tan despreciados de las personas "serias", tan perseguidos por el "paternalismo" de los Gobiernos: ahorcados aquí, fusilados allá; quemados, atormentados, aprisionados, descuartizados en todas las épocas y en todos los países, han sido, no obstante, los propulsores de todo movimiento de avance, los videntes que han señalado a las masas ciegas derroteros luminosos que conducen a cimas gloriosas.

Habría que renunciar a todo progreso; sería mejor renunciar a toda esperanza de justicia y de grandeza en la humanidad si siquiera en el espacio de un siglo dejase de contar la familia humana entre sus miembros con algunos ilusos, utopistas y soñadores. Que recorran esas personas "serias" la lista de los hombres muertos que admiran. ¿Qué fueron si no soñadores? ¿Por qué se les admira, si no porque fueron ilusos? ¿Qué es lo que rodea de gloria, si no su carácter de utopista?

De esa especie tan despreciada de seres humanos surgió Sócrates, despreciado por las personas "serias" y "sensatas" de su época y admirado por los mismos que entonces le habían abierto la boca para hacerle tragar ellos mismos la cicuta. ¿Cristo? Si hubieran vivido en aquella época los señores "sensatos" y "serios" de hoy, ellos habrían juzgado, sentenciado y aun clavado en el madero infamante al gran utopista, ante cuya imagen se persignan y humillan.

No ha habido revolucionario, en el sentido social de la palabra; no ha habido reformador que no haya sido atacado por las clases dirigentes de su época como utopista, soñador e iluso.

¡Utopía, ilusión, sueño...! ¡Cuánta poesía, cuánto progreso, cuánta belleza y, sin embargo, cuánto se os desprecia!

En medio de la trivialidad ambiente, el utopista sueña con una humanidad más justa, sana, más bella, más sabia, más feliz, y mientras exterioriza sus sueños, la envidia palidece, el puñal busca su espalda, el esbirro espía, el carcelero coge las llaves y el tirano firma la sentencia de muerte. De ese modo la humanidad ha mutilado, en todos los tiempos, sus mejores miembros.

¡Adelante! El insulto, el presidio y la amenaza de muerte no pueden impedir que el utopista sueñe.

(De *Regeneración*, noviembre 12 de 1910)

YO NO QUIERO SER TIRANO

Yo no peleo por puestos públicos. He recibido insinuaciones de muchos maderistas de buena fe, pues que los hay, y bastantes, para que acepte algún cargo en el llamado gobierno "provisional", y el cargo que se me dice acepte es el de vicepresidente de la República. Ante todo debo decir que me repugnan los Gobiernos. Estoy firmemente convencido de que no hay, ni podrá haber, un Gobierno bueno. Todos son malos, llámanse monarquías absolutas o repúblicas constitucionales. El Gobierno es tiranía porque coarta la libre iniciativa de los individuos y sólo sirve para sostener un estado social impropio para el desarrollo integral del ser humano. Los Gobiernos son los guardianes de los intereses de las clases ricas y educadas, y los verdugos de los santos derechos del proletariado. No quiero, pues, ser un tirano. Soy un revolucionario y lo seré hasta que exhale el último aliento. Quiero estar siempre al lado de mis hermanos los pobres para luchar por ellos, y no al lado de los ricos ni de los políticos, que son opresores de los pobres. En las filas del pueblo trabajador soy más útil a la humanidad que sentado en un trono, rodeado de lacayos y de politicastros. Si el pueblo tuviera algún día el pésimo gusto de aclamarme para ser su gobernante, le diría: "Yo no nací para verdugo. Busca a otro."

Lucho por la libertad económica de los trabajadores. Mi ideal es que el hombre llegue a poseer todo lo necesario para vivir sin tener que depender de ningún amo, y creo, como todos los liberales de buena fe lo creen, que ha llegado el momento de que los hombres de buena voluntad debemos dar un paso hacia la verdadera libertad, arrebatando la tierra de las garras de los ricos, inclusive Madero, para entregarla al legítimo dueño de ella: el pueblo trabajador. Conseguido esto, el pueblo será libre. Pero no lo será si eleva a Madero a la Presidencia de la República, porque ni Madero, ni ningún gobernante, se atreverán a dar un paso de esa naturaleza, y, si lo hicieran, los ricos se levantarían en armas y una nueva revolución seguiría a la presente. En esta revolución, en la que estamos contemplando y la que tratamos de fomentar, debemos quitar la tierra a los ricos.

(De *Regeneración*)

¡IMPOSIBLE!

Este es el grito de los impotentes, éste es el aullido de los reaccionarios, así exclama el burgués cuando se le delinea el cuadro de la sociedad futura. ¡Imposible, imposible, imposible!

Hablad de que nadie tiene derecho a tomar parte de la riqueza que produce el trabajador; hablad de que la tierra es un bien natural que debe pertenecer a todo ser humano; hablad de que los polizontes, los soldados, los jefes y empleados de las oficinas públicas no son otra cosa que meras sanguijuelas que viven sin producir nada útil que contribuya a hacer más agradable la existencia; hablad de que los miles y miles de seres humanos que están encerrados en las cárceles no son sino víctimas de la mala organización social, y se os llamará blasfemos, malvados, criminales y otras cosas por el estilo.

Y, sin embargo, lo que decimos es la verdad, y, convencidos de ello, dirigimos nuestros golpes directamente al corazón de la vieja sociedad. No nos detenemos a atacar la superficie: vamos al fondo de la cuestión.

Lo que parece imposible es que los trabajadores hayan vivido tanto tiempo sin darse cuenta de que eran esclavos. Lo que parece imposible es que los trabajadores no se hubieran hecho antes el propósito de romper el yugo.

Pero no ha sido de ellos la culpa, al menos no ha sido de ellos toda la culpa: los culpables han sido los políticos, los que han adormecido a los proletarios con la esperanza de un porvenir risueño conquistado por la sola virtud del voto popular. El tiempo ha demostrado que si algo es verdaderamente imposible, es alcanzar la libertad económica por medio de la boleta electoral.

Recórrase la lista de las naciones en las cuales el pueblo tiene derecho a votar, e investíguense las condiciones económicas en que viven sus habitantes. Desde luego se verá que ninguna influencia ha ejercido el voto en mejorar dichas condiciones. Por el contrario, cada año es más aguda la miseria por todas partes; cada año quedan sin empleo miles y miles de trabajadores; cada año aumenta la población de los presidios en una proporción espantosa; cada año la mujer da un contingente mayor a las casas públicas; cada año aumentan los suicidios; cada año se hace más dura y trágica la lucha por la existencia, la humanidad es más desgraciada cada año, a pesar del voto electoral, a pesar de los gobiernos representativos, a pesar de los progresos de lo que se llama democracia. Así es que lo imposible es que la humanidad sea feliz por el solo hecho de votar.

El Partido Liberal mexicano está plenamente convencido de la falacia de las medidas o reformas políticas. Como nuestro Partido no está compuesto de policastros ni de cazadores de empleos, sino de proletarios que no tienen otra ambición que verse libres de la esclavitud del salario, ahora que se presenta la oportunidad va derecho a su objeto: la emancipación económica de la clase trabajadora por medio de la expropiación de la tierra y de la maquinaria.

Si no tuviera esa finalidad el Partido Liberal mexicano, sería un Partido de farsantes y embaucadores.

¡Adelante!

(De *Regeneración*, abril 15 de 1911)

LA CONSTITUCION HA MUERTO

Doloroso nos es causar al pueblo mexicano la merecida afrenta de lanzar esta frase a la publicidad: "La Constitución ha muerto..."

¿Pero por qué ocultar más la negra realidad?

¿Para qué ahogar en nuestra garganta, como cobardes cortesanos, el grito de nuestra franca opinión?

Cuando ha llegado un 5 de febrero más y encuentra entronizada la maldad y prostituido al ciudadano; cuando la Justicia ha sido arrojada de su templo por infames mercaderes y sobre la tumba de la Constitución se alza con cinismo una teocracia inaudita, ¿para qué recibir esa fecha, digna de mejor pueblo, con hipócritas muestras de alegría?

La Constitución ha muerto, y al enlutar hoy el frontis de nuestras oficinas con esa frase fatídica, protestamos solemnemente contra los asesinos de ella, que como escarnio sangriento al pueblo que han vejado, celebran este día con muestras de regocijo y satisfacción.

(De *El Hijo del Ahuizote*, febrero 8 de 1903)

EN POS DE LA LIBERTAD [1]

La humanidad se encuentra en estos momentos en uno de esos períodos que se llaman de transición, esto es, el momento histórico en que las sociedades humanas hacen esfuerzos para transformar el medio político y social en que han vivido, por otro que esté en mejor acuerdo con el modo de pensar de la época y satisfaga un poco más las aspiraciones generales de la masa humana.

Quienquiera que tenga la buena costumbre de informarse de lo que ocurre por el mundo habrá notado, de hace unos diez años a esta parte, un aumento de actividad de los diversos órdenes de la vida política y social. Se nota una especie de fiebre, un ansia parecida a la que se apodera del que siente que le falta aire para respirar. Es este un malestar colectivo que se hace cada vez más agudo, como que cada vez es más grande la diferencia entre nuestros pensamientos y los actos que nos vemos precisados a ejecutar, así en los detalles como en el conjunto de nuestras relaciones con los semejantes. Se piensa de un modo y se obra de otro distinto; ninguna relación hay entre el pensamiento y la acción. A esta incongruencia del pensamiento y de la realidad, a esta falta de armonía entre el ideal y el hecho, se debe esa excitación febril, esa ansia, ese malestar, parte de este gran movimiento que se traduce en la actividad que se observa en todos los países civilizados para transformar este medio, este ambiente político y social, sostenido por instituciones caducas que ya no satisfacen a los pueblos, en otro que armonice mejor con la

---

[1] Discurso pronunciado en la sesión del Grupo **Regeneración** el 30 de octubre de 1910.

tendencia moderna a mayor libertad y mayor bienestar.

El menos observador de los lectores de periódicos habrá podido notar este hecho. Hay una tendencia general a la innovación, a la reforma, que se exterioriza en hechos individuales o colectivos: el destronamiento de un rey, la declaración de una huelga, la adopción de la acción directa por tal o cual sindicato obrero, la explosión de una bomba al paso de algún tirano, la entrada al régimen constitucional de pueblos hasta hace poco regidos por monarquías absolutas, el republicanismo amenazando a las monarquías constitucionales, el socialismo haciendo oír su voz en los Parlamentos, la Escuela Moderna abriendo sus puertas en las principales ciudades del mundo y la filosofía anarquista haciendo prosélitos hasta en pueblos como el del Indostán y la China: hechos son estos que no pueden ser considerados aisladamente, como no teniendo relación alguna con el estado general de la opinión, sino más bien como el principio de un poderoso movimiento universal en pos de la libertad y la felicidad.

Lo que indica claramente que nos encontramos en un periodo de transición, es el carácter de la tendencia de ese movimiento universal. No se ve en él, en manera alguna, el propósito de conservar las formas de vida política y social existentes, sino que cada pueblo, según el grado de cultura que ha alcanzado, según el grado de educación en que se halla, y el carácter más o menos revolucionario de sus sindicatos obreros, reacciona contra el medio ambiente en pro de la transformación, siendo digno de notarse que la fuerza propulsora, en la mayoría de los casos, para lograr la transformación en un sentido progresivo del ambiente, ya no viene desde arriba hacia abajo, esto es, de las clases altas a las bajas de la sociedad, como sucedía antes, sino desde abajo hacia arriba, siendo los sindicatos obreros, en realidad, los laboratorios en que se moldea y se prepara la nueva forma que adoptarán las sociedades humanas del porvenir.

Este trabajo universal de transformación no podía dejar de afectar a México, que, aunque detenido en su evolución por la imposición forzosa de un despotismo sin paralelo casi en la historia de las desdichas humanas, de hace algunos años a esta parte, da también señales de vida, pues no podía substraerse a él en esta época en que tan fácilmente se ponen en comunicación los pueblos todos de la Tierra. Los diarios, las revistas, los libros, los viajeros, el telégrafo, el cable submarino, las relaciones comerciales, todo contribuye a que ningún pueblo quede aislado y sin tomar carácter mundial, y México toma la parte que le corresponde en él, dispuesto, como todos los pueblos de la Tierra en este momento solemne, a dar un paso, si es que no puede dar un salto —que yo creo que sí lo dará— en la grande obra de la transformación universal de las sociedades humanas.

México, como digo, no podía quedar aislado en el gran movimiento ascensional de las sociedades humanas, y prueba de lo que digo es la agitación que se observa en todas las ramas de la familia mexicana. Haciendo a un lado preocupaciones de bandería, que creo no tener, voy a plantear ante vosotros la verdadera situación del pueblo mexicano y lo que la causa universal de la dignificación humana puede esperar de la participación de la sociedad mexicana en el movimiento de transformación del medio ambiente. No por su educación, sino por las circunstancias especiales en que se encuentra el pueblo mexicano, es probable que sea nuestra raza la primera en el mundo que dé un paso franco en la vía de la reforma social.

México es el país de los inmensamente pobres y de los inmensamente ricos. Casi puede decirse que en México no hay término medio entre las dos clases sociales: la alta y la baja, la poseedora y la no poseedora; hay, sencillamente, pobres y ricos. Los primeros, los pobres, privados casi en lo absoluto de toda comodidad de todo bienestar; los segundos, los ricos, provistos de todo cuanto hace agradable la vida. México es el país de los contrastes. Sobre una tierra maravillosamente rica, vegeta un pueblo incomparablemente pobre. Alrededor de una aristocracia brillante, ricamente ataviada, pasea sus desnudeces la clase trabajadora. Lujosos trenes y soberbios palacios muestran el poder y la arrogancia de la clase rica, mientras los pobres se amontonan en las vecindades y pocilgas de los arrabales de las grandes ciudades. Y como para que todo sea contraste en México, al lado de una gran ilustración adquirida por algunas clases, se ofrece la negrura de la supina ignorancia de otras.

Estos contrastes tan notables, que ningún extranjero

que visita México puede dejar de observar, alimentan y robustecen dos sentimientos: uno, de desprecio infinito de la clase rica e ilustrada por la clase trabajadora, y otro de odio amargo de la clase pobre por la clase dominadora, a la vez que la notable diferencia entre las dos clases va marcando en cada una de ellas caracteres étnicos distintos, al grado de que casi puede decirse que la familia mexicana está compuesta de dos razas diferentes, y andando el tiempo esa diferencia será de tal naturaleza que, al hablar de México, los libros de geografía del porvenir dirán que son dos de las razas que lo pueblan, si no se verificase una conmoción social que acercase las dos clases sociales y las mezclase, y fundiese las diferencias físicas de ambas en un solo tipo.

Cada día se hacen más tirantes las relaciones entre las dos clases sociales, a medida que el proletariado se hace más consciente de su miseria y la burguesía se da mejor cuenta de la tendencia, cada vez más definida, de las clases laboriosas a su emancipación. El trabajador ya no se conforma con los mezquinos salarios acostumbrados. Ahora emigra al extranjero en busca de bienestar económico, o invade los grandes centros industriales de México. Se está acabando en nuestro país el tipo de trabajador por el cual suspira la burguesía mexicana: aquel que trabajaba para un solo amo toda la vida, el criado que desde niño ingresaba a una casa y se hacía viejo en ella, el peón que no conocía ni siquiera los confines de la hacienda donde nacía, crecía, trabajaba y moría. Había personas que no se alejaban más allá de donde todavía podían ser escuchadas las vibraciones del campanario de su pueblo. Este tipo de trabajador está siendo cada vez más escaso. Ya no se consideran, como antes, sagradas las deudas con la hacienda, las huelgas son más frecuentes de día en día y en varias partes del país nacen los embriones de los sindicatos obreros del porvenir. El conflicto entre el capital y el trabajo es ya un hecho, un hecho comprobado por una serie de actos que tienen exacta conexión unos con otros, la misma causa, la misma tendencia; fueron hace algunos años los primeros movimientos del que despierta y se encuentra con que desciende por una pendiente; ahora es ya la desesperación del que se da cuenta del peligro y lucha a brazo partido movido por el instinto de propia conservación. Instinto digo, y creo no equivocarme. Hay una gran diferencia en el fondo de dos actos al parecer iguales. El instinto de propia conservación impele a un obrero a declararse en huelga para ganar algo más, de modo de poder pasar mejor la vida. Al obrar así ese obrero, no tiene en cuenta la justicia de su demanda. Simplemente quiere tener algunas pocas de comodidades de las cuales carece, y si las obtiene, hasta se lo agradece al patrón, con cuya gratitud demuestra que no tiene idea alguna sobre el derecho que corresponde a cada trabajador de no dejar ganancia alguna a sus patrones. En cambio, el obrero que se declara en huelga con el preconcebido objeto de obtener no sólo un aumento en su salario, sino de restar fuerza moral al pretendido derecho del capital a obtener ganancias a costa del trabajo humano, aunque se trate igualmente de una huelga, obra el trabajador en este caso conscientemente y la trascendencia de su acto será grande para la causa de la clase trabajadora.

Pero si este movimiento espontáneo, producido por el instinto de la propia conservación, es inconsciente para la masa obrera mexicana, en general no lo es para una minoría selecta de la clase trabajadora de nuestro país, verdadero núcleo del gran organismo que resolverá el problema social en un porvenir cercano. Esa minoría, al obrar en un momento oportuno, tendrá el poder suficiente de llevar la gran masa de trabajadores a la conquista de su emancipación política y social.

Esto en cuanto a la situación económica de la clase trabajadora mexicana. Por lo que respecta a su situación política, a sus relaciones con los Poderes públicos, todos vosotros sois testigos de cómo se las arregla el Gobierno para tener sometida a la clase proletaria. Para ninguno de vosotros es cosa nueva saber que sobre México pesa el más vergonzoso de los despotismos. Porfirio Díaz, el jefe de ese despotismo, ha tomado especial empeño en tener a los trabajadores en la ignorancia de sus derechos tanto políticos como sociales, como que sabe bien que la mejor base de una tiranía es la ignorancia de las masas. Un tirano no confía tanto la estabilidad de su dominio en la fuerza de las armas como en la ceguera del pueblo. De aquí que Porfirio Díaz no tome empeño en que las masas se eduquen y se dignifiquen. El bienestar, por sí solo, obra benéficamente en la moralidad del individuo; Díaz lo comprende así, y para evitar que el mexicano se dignifique por el bienestar, aconseja a los patrones que no paguen salarios elevados a los trabajadores. De ese modo cierra el tirano todas las puertas a la clase trabajadora mexicana, arrebatándole dos de los principales agentes de fuerza moral: la educación y el bienestar.

Porfirio Díaz ha mostrado siempre decidido empeño por conseguir que el proletario mexicano se considere a sí mismo inferior en mentalidad, moralidad y habilidad técnica y hasta en resistencia física a su hermano el trabajador europeo y norteamericano. Los periódicos pagados por el Gobierno, entre los que descuella *El Imparcial*, han aconsejado, en todo tiempo, sumisión al trabajador mexicano, en virtud de su supuesta inferioridad, insinuando que si el trabajador lograse mejor salario y disminución de la jornada de trabajo, tendría más dinero que derrochar en el vicio y más tiempo para contraer malos hábitos.

Esto, naturalmente, ha retrasado la evolución del proletariado mexicano; pero no es lo único que ha sufrido bajo el feroz despotismo del bandolero oaxaqueño. La miseria en su totalidad más aguda, la pobreza más abyecta, ha sido el resultado inmediato de esa política que tan provechosa ha sido así al despotismo como a la clase capitalista. Política provechosa para el despotismo ha sido esa, porque por medio de ella se han podido echar sobre las espaldas del pobre todas las cargas: las contribuciones son pagadas en último análisis por los pobres exclusivamente; el contingente para el Ejército se recluta exclusivamente entre la masa proletaria; los servicios gratuitos que imponen las autoridades de los pueblos recaen también, exclusivamente, en la persona de los pobres. Las autoridades, tanto políticas como municipales, fabrican fortunas multando a los trabajadores con el menor pretexto, y para que la explotación sea completa, las tiendas de raya reducen casi a nada los salarios, y el clero los merma aún más vendiendo el derecho de entrada al cielo.

No se sabe qué tanto tiempo tendría que durar esta situación para el proletario mexicano si por desgracia no hubieran alcanzado los efectos de la tiranía de Porfirio Díaz a las clases directoras mismas. Estas, durante los primeros lustros de la dictadura de Porfirio Díaz, fueron el mejor apoyo del despotismo. El clero y la burguesía, unidos fuertemente a la autoridad, tenían al pueblo trabajador completamente sometido; pero como la ley de la época es la competencia en el terreno de los negocios, una buena parte de la burguesía ha sido vencida por una minoría de su misma clase, formada de hombres inteligentes que se han aprovechado de su influencia en el Poder público para hacer negocios cuantiosos, acaparando para sí las mejores empresas y dejando sin participación en ellas al resto de la burguesía, lo que ocasionó, naturalmente, la división de esa clase, quedando leal a Porfirio Díaz la minoría burguesa conocida con el nombre de los "científicos", mientras el resto volvió armas contra el Gobierno y formó los partidos militantes de oposición a Díaz y especialmente a Ramón Corral, el vicepresidente, bajo las denominaciones de Partido Nacionalista Democrático y Partido Nacional Antirreeleccionista, cuyos programas conservadores no dejan lugar a duda de que no son partidos absolutamente burgueses. Sea como fuere, esos dos partidos forman parte de las fuerzas disolventes que obran en estos momentos contra la tiranía que impera en nuestro país, de las cuales la del Partido Liberal constituye la más enérgica y será la que en último resultado prepondere sobre los demás, como es de desearse, por ser el Partido Liberal el verdadero partido de los oprimidos, de los pobres, de los proletarios; la esperanza de los esclavos del salario, de los desheredados, de los que tienen por patria una tierra que pertenece por igual a científicos porfiristas como a burgueses demócratas y antirreeleccionistas.

La situación del pueblo mexicano es especialísima. Contra el Poder público obran en estos momentos los pobres, representados por el Partido Liberal, y los burgueses, representados por los Partidos Nacionalista Democrático y Nacional Antirreeleccionista. Esta situación tiene forzosamente que resolverse en un conflicto armado. La burguesía quiere negocios que la minoría "científica" no ha de darle. El proletariado, por su parte, quiere bienestar económico y dignificación social por medio de la toma de posesión de la tierra y la organización sindical, a lo que se oponen, por igual el Gobierno y los partidos burgueses.

Creo haber planteado el problema con claridad suficiente. Una lucha a muerte se prepara en estos momentos para la modificación del medio en que el pueblo mexicano, el pueblo pobre, se debate en una agonía de siglos. Si el pueblo pobre triunfa, esto es, si sigue las banderas del Partido Liberal, que es el de los trabajadores y de las clases que no poseen bienes de fortuna, México será la primera nación del mundo que dé un paso franco por el sendero de los pueblos todos de la Tierra, aspiración poderosa que agita a la humanidad entera, sedienta de libertad, ansiosa de justicia, hambrienta de bienestar material; aspiración que se hace más aguda a medida que se ve con más claridad el evidente fracaso de la república burguesa para asegurar la libertad y la felicidad de los pueblos.

A LOS PROLETARIOS

Obreros, escuchad: muy pronto quedará rota la infame paz que por más de treinta años hemos sufrido los mexicanos. La calma del momento contiene en potencia la insurrección del mañana. La revolución es la consecuencia lógica de los mil hechos que han constituido el despotismo que ahora vemos en agonía. Ella tiene que venir indefectiblemente, fatalmente, con la puntualidad con que aparece de nuevo el sol para desvanecer la angustia de la noche. Y vais a ser vosotros, obreros, la fuerza de esa revolución. Van a ser vuestros brazos los que empuñen el fusil reivindicador. Vuestra va a ser la sangre que matizará el suelo patrio, como rojas flores de fuego. Si algunos ojos van a llorar su luto y su viudez, esos serán los de vuestras madres, de vuestras esposas, de vuestras hijas. Vosotros, pues, vais a ser los héroes; vais a ser la espina dorsal de ese gigante de mil cabezas que se llama insurrección; vais a ser el músculo de la voluntad nacional convertida en fuerza.

La revolución tiene que efectuarse irremisiblemente, y, lo que es mejor todavía, tiene que triunfar, esto es, tiene que llegar a sangre y fuego hasta el cubil donde celebran su último festín los chacales que os han devorado en esta larga noche de treinta y cuatro años. Pero ¿es eso todo? ¿No os parece absurdo llegar hasta el sacrificio por el simple capricho de cambiar de amos?

Obreros, amigos míos, escuchad: es preciso, es urgente que llevéis a la revolución que se acerca la conciencia de la época; es preciso, es urgente que encarnéis en la pugna magna el espíritu del siglo. De lo contrario, la revolución que con cariño vemos incubarse en nada diferirá de las ya casi olvidadas revueltas fomentadas por la burguesía y dirigidas por el caudillaje militaresco, en las cuales no jugasteis el papel heroico de propulsores conscientes, sino el nada airoso de carne de cañón.

Sabedlo de una vez: derramar sangre para llevar al Poder a otro bandido que oprima al pueblo, es un crimen, y eso será lo que suceda, si tomáis las armas sin más objeto que derribar a Díaz para poner en su lugar un nuevo gobernante.

La larga opresión que ha sufrido el pueblo mexicano, la desesperación que se ha apoderado de todos como el resultado de esa opresión, han fecundado en el alma entristecida del pueblo una sola ambición: la de un cambio en los hombres del Gobierno. Ya no se soporta a los hombres actuales; se les odia con toda la fuerza de un odio por tanto tiempo comprimido, y la idea fija de un cambio de gobernantes ha venido a empequeñecer los ideales; los principios salvadores han quedado subordinados al solo deseo del cambio en la Administración pública. Un ejemplo tristísimo de la verdad de esto se encuentra en ese loco entusiasmo, en esa absurda alegría con que se acogió la candidatura de uno de los funcionarios más perversos, de uno de los verdugos más crueles que ha tenido la nación mexicana: la candidatura de Bernardo Reyes.

Cuando se lanzó esa candidatura, no reflexionó el pueblo mexicano acerca de la personalidad del postulado. Lo interesante para él, para el pueblo, era el cambio. La desesperación popular parecía haberse cristalizado en estas palabras: cualquiera, menos Díaz, y como el que está a punto de rodar hacia un abismo, se asió de la candidatura reyista como de un clavo ardiendo. Por fortuna, si Reyes es ambicioso, al mismo tiempo es cobarde para ponerse frente a Díaz y luchar contra él. Esa cobardía salvó al pueblo mexicano de sufrir una tiranía más cruel, una opresión más salvaje, si cabe, que la que actualmente lamenta.

Para evitar estos lamentables extravíos, es preciso reflexionar. La revolución es inminente: ni el Gobierno ni los oposicionistas podrán detenerla. Un cuerpo cae por su propio peso, obedeciendo las leyes de la gravedad; una sociedad revolucionaria, obedeciendo leyes sociológicas incontrastables. Pretender oponerse a que la revolución estalle, es una locura que sólo puede cometer el pequeño grupo de interesados en que no suceda tal cosa. Y ya que la revolución tiene que estallar, sin que nadie ni nada pueda contenerla, bueno es, obreros, que saquéis de ese gran movimiento popular todas las ventajas que trae en su seno y que serían para la burguesía, si, inconscientes de vuestros derechos como clase productora de la riqueza social, figuraseis en la contienda simplemente como máquinas de matar y de destruir, pero sin llevar en vuestros cerebros la idea clara y precisa de vuestra emancipación y engrandecimiento sociales.

Tened en cuenta, obreros, que sois los únicos productores de la riqueza. Casas, palacios, ferrocarriles, barcos, fábricas, campos cultivados, todo, absolutamente todo está hecho por vuestras manos creadoras y, sin embargo, de todo carecéis. Tejéis las telas, y andáis casi desnudos; cosecháis el grano, y apenas tenéis un miserable mendrugo que llevar a la familia; edificáis casas y palacios, y habitáis covachas y desvanes; los metales que arrancáis de la tierra sólo sirven para hacer más poderosos a vuestros amos, y, por lo mismo, más pesada y más dura vuestra cadena. Mientras más producís, más pobres sois y menos libres, por la sencilla razón de que hacéis a vuestros señores más ricos y más libres, porque la libertad política sólo aprovecha a los ricos. Así pues, si vais a la revolución con el propósito de derribar el despotismo de Porfirio Díaz, cosa que lograréis indudablemente, porque el triunfo es seguro, si os va bien después del triunfo, obtendréis un Gobierno que ponga en vigor la Constitución de 1857, y, con ello, habréis adquirido, al menos por escrito, vuestra libertad política; pero en la práctica seguiréis siendo tan esclavos como hoy, y como hoy sólo tendréis un derecho: el de reventar de miseria.

La libertad política requiere la concurrencia de otra libertad para ser efectiva: esa libertad es la económica: los ricos gozan de libertad económica y es por ello por lo que son los únicos que se benefician con la libertad política.

Cuando la Junta Organizadora del Partido Liberal mexicano formuló el programa promulgado en St. Louis,

Mo., el 1o. de julio de 1906, tuvo la convicción, convicción que tiene todavía, firmísima convicción que guarda con cariño, de que la libertad política debe ir acompañada de la libertad económica para ser efectiva. Por eso se exponen en el programa los medios que hay que emplear para que el proletariado mexicano pueda conquistar su independencia económica.

Si a la lucha que se aproxima no lleváis la convicción de que sois los productores de la riqueza social, y de que por ese solo hecho tenéis el derecho no sólo de vivir, sino de gozar de todas las comodidades materiales y de todos los beneficios morales e intelectuales de que ahora se aprovechan exclusivamente vuestros amos, no haréis obra revolucionaria tal como la sienten vuestros hermanos de los países más cultos. Si no sois conscientes de vuestros derechos como clase productora, la burguesía se aprovechará de vuestro sacrificio, de vuestra sangre y del dolor de los vuestros, del mismo modo que hoy se aprovecha de vuestro trabajo, de vuestra salud y de vuestro porvenir en la fábrica, en el campo, en el taller, en la mina.

Así pues, obreros, es necesario que os deis cuenta de que tenéis más derechos que los que os otorga la Constitución política de 1857, y, sobre todo, convenceos de que, por el solo hecho de vivir y de formar parte de la humanidad, tenéis el inalienable derecho a la felicidad. La felicidad no es patrimonio exclusivo de vuestros amos y señores, sino vuestro también y con mejor derecho de vuestra parte, porque sois los que producís todo lo que hace amena y confortable la vida.

Ahora sólo me resta exhortaros a que no desmayéis. Veo en vosotros el firme propósito de lanzaros a la revolución para derribar el despotismo más vergonzoso, más odioso que ha pesado sobre la raza mexicana: el de Porfirio Díaz. Vuestra actitud merece el aplauso de todo hombre honrado; pero os repito, llevar al combate la conciencia de que la revolución se hace por vosotros, de que el movimiento se sostiene con vuestra sangre y de que los frutos de esa lucha serán vuestros y de vuestras familias, si sostenéis con la entereza que da la convicción vuestro derecho a gozar de todos los beneficios de la civilización.

Proletarios: tened presente que vais a ser el nervio de la revolución; id a ella, no como el ganado que se lleva al matadero, sino como hombres conscientes de todos sus derechos. Id a la lucha; tocad resueltamente a las puertas de la epopeya; la gloria os espera impaciente de que no hayáis hecho pedazos todavía vuestras cadenas en el cráneo de vuestros verdugos.

(De *Regeneración*, septiembre 3 de 1910)

A LA MUJER

Compañeras: la catástrofe está en marcha, airados los ojos, el rojo pelo al aire, nerviosas las manos prontas a llamar a las puertas de la patria. Esperémosla con serenidad. Ella, aunque trae en su seno la muerte, es anuncio de vida, es heraldo de esperanza. Destruirá y creará al mismo tiempo; derribará y construirá. Sus puños son los puños formidables del pueblo en rebelión. No trae rosas ni caricias: trae una hacha y una tea.

Interrumpiendo el milenario festín de los satisfechos, la sedición levanta la cabeza, y la frase de Baltasar se ha convertido con los tiempos en un puño crispado suspendido sobre la cabeza de las llamadas clases directoras.

La catástrofe está en marcha. Su tarea producirá el incendio en que arderán el privilegio y la injusticia. Compañeras, no temáis la catástrofe. Vosotras constituís la mitad de la especie humana, y, lo que afecta a ésta, afecta a vosotras como parte integrante de la humanidad. Si el hombre es esclavo, vosotras lo sois también. La cadena no reconoce sexos; la infamia que avergüenza al hombre os infama de igual modo a vosotras. No podéis sustraeros a la vergüenza de la opresión: la misma garra que acogota al hombre os estrangula a vosotras.

Necesario es, pues, ser solidario en la gran contienda por la libertad y la felicidad. ¿Sois madres? ¿Sois esposas? ¿Sois hermanas? ¿Sois hijas? Vuestro deber es ayudar al hombre; estar con él cuando vacila, para animarlo; volar a su lado cuando sufre para endulzar su pena y reír y cantar con él cuando el triunfo sonríe. ¿Que no entendéis de política? No es ésta una cuestión de política: es una cuestión de vida o muerte. La cadena del hombre es la vuestra ¡ay!, y tal vez más pesada y más negra y más infamante es la vuestra. ¿Sois obrera? Por el solo hecho de ser mujer se os paga menos que al hombre y se os hace trabajar más; tenéis que sufrir las impertinencias del capataz o del amo, y si además sois bonita, los amos asediarán vuestra virtud, os cercarán, os estrecharán a que les deis vuestro corazón, y si flaqueáis, os lo robarán con la misma cobardía con que os roban el producto de vuestro trabajo.

Bajo el imperio de la injusticia social en que se pudre la humanidad, la existencia de la mujer oscila en el campo mezquino de su destino, cuyas fronteras se pierden en la negrura de la fatiga y el hambre o en las tinieblas del matrimonio y la prostitución.

Es necesario estudiar, es preciso ver, es indispensable escudriñar página por página de ese sombrío libro que se llama la vida, agrio zarzal que desgarra las carnes del rebaño humano, para darse cuenta exacta de la participación de la mujer en el universal dolor.

El infortunio de la mujer es tan antiguo, que su origen se pierde en la penumbra de la leyenda. En la infancia de la humanidad se consideraba como una desgracia para la tribu el nacimiento de una niña. La mujer labraba la tierra, traía leña del bosque y agua del arroyo, cuidaba el ganado, ordeñaba las vacas y las cabras, construía la choza, hacía las telas para los vestidos, cocinaba la comida, cuidaba los enfermos y los niños. Los trabajos más sucios eran desempeñados por la mujer. Si se moría de fatiga un buey, la mujer ocupaba su lugar arrastrando el arado, y cuando la guerra estallaba entre dos tribus enemigas, la mujer cambiaba de dueño; pero continuaba, bajo el látigo del nuevo amo, desempeñando sus funciones de bestia de carga.

Más tarde, bajo la influencia de la civilización griega, la mujer subió un peldaño en la consideración de los hombres. Ya no era la bestia de carga del clan primitivo ni hacía la vida claustral de las sociedades del Oriente; su papel entonces fue el de productora de ciudadanos para la patria, si pertenecía a una familia libre, o de siervos para la gleba, si su condición era de ilota.

El cristianismo vino después de agravar la situación de la mujer con el desprecio a la carne. Los grandes padres de la Iglesia formularon los rayos de su cólera contra las gracias femeninas; y San Agustín, Santo Tomás y otros santos, ante cuyas imágenes se arrodillan ahora las pobres mujeres, llamaron a la mujer hija del demonio, vaso de impureza, y la condenaron a sufrir las torturas del infierno.

La condición de la mujer en este siglo varía según su categoría social; pero a pesar de la dulcificación de las costumbres, a pesar de los progresos de la filosofía, la mujer sigue subordinada al hombre por la tradición y por la ley Eterna menor de edad, la ley la pone bajo la tutela del esposo; no puede votar ni ser votada, y para poder celebrar contratos civiles, forzoso es que cuente con bienes de fortuna.

En todos los tiempos la mujer ha sido considerada como un ser inferior al hombre, no sólo por la ley, sino también por la costumbre, y a ese erróneo e injusto concepto se debe el infortunio que sufre desde que la humanidad se diferenciaba apenas de la fauna primitiva por el uso del fuego y el hacha de sílex.

Humillada, menospreciada, atada con las fuertes ligaduras de la tradición al potro de una inferioridad irracional, familiarizada por el fraile con los negocios del cielo, pero totalmente ignorante de los problemas de la tierra, la mujer se encuentra de improviso envuelta en el torbellino de la actividad industrial que necesita brazos, brazos baratos sobre todo, para hacer frente a la competencia provocada por la voracidad de los príncipes del dinero y echa garra de ella, aprovechando la circunstancia de que no está educada como el hombre para la guerra industrial, no está organizada con las de su clase para luchar con sus hermanos los trabajadores contra la rapacidad del capital.

A esto se debe que la mujer, aun trabajando más que el hombre, gana menos, y que la miseria, y el maltrato y el desprecio son hoy, como lo fueron ayer, los frutos amargos que recoge por toda una existencia de sacrificio. El salario de la mujer es tan mezquino que con frecuencia tiene que prostituirse para poder sostener a los suyos cuando en el mercado matrimonial no encuentra un hombre que la haga su esposa, otra especie de prostitución sancionada por la ley y autorizada por un funcionario público, porque prostitución es y no otra cosa, el matrimonio, cuando la mujer se casa sin que intervenga para nada el amor, sino sólo el propósito de encontrar un hombre que la mantenga, esto es, vende su cuerpo por la comida, exactamente como lo practica la mujer perdida, siendo esto lo que ocurre en la mayoría de los matrimonios.

¿Y qué podría decirse del inmenso ejército de mujeres que no encuentran esposo? La carestía creciente de los artículos de primera necesidad, el abaratamiento cada vez más inquietante del precio del trabajo humano, como resultado del perfeccionamiento de la maquinaria, unido todo a las exigencias, cada vez más grandes, que crea el medio moderno, incapacitan al hombre económicamente a echar sobre sí una carga más: la manutención de una familia. La institución del servicio militar obligatorio que arranca del seno de la sociedad a un gran número de varones fuertes y jóvenes, merma también la oferta masculina en el mercado matrimonial. Las emigraciones de trabajadores, provocadas por diversos fenómenos económicos o políticos, acaban por reducir todavía más el número de hombres capacitados para contraer matrimonio. El alcoholismo, el juego y otros vicios y diversas enfermedades reducen aún más la cifra de los candidatos al matrimonio. Resulta de esto que el número de hombres aptos para contraer matrimonio es reducidísimo y que, como una consecuencia, el número de solteras sea alarmante, y como su situación es angustiosa, la prostitución engrosa cada vez más sus filas y la raza humana degenera por el envilecimiento del cuerpo y del espíritu.

Compañeras: éste es el cuadro espantoso que ofrecen las modernas sociedades. Por este cuadro veis que hombres y mujeres sufren por igual la tiranía de un ambiente político y social que está en completo desacuerdo con los progresos de la civilización y las conquistas de la filosofía. En los momentos de angustia, dejad de elevar vuestros bellos ojos al cielo; ahí están aquellos que más han contribuido a hacer de vosotras las eternas esclavas. El remedio está aquí, en la Tierra, y es la rebelión.

Haced que vuestros esposos, vuestros hermanos, vuestros padres, vuestros hijos y vuestros amigos tomen el fusil. A quien se niegue a empuñar un arma contra la opresión, escupidle el rostro.

La catástrofe está en marcha. Jiménez y Acayucan, Palomas, Viesca, Las Vacas y Valladolid son las primeras rachas de su aliento formidable.[1] Paradoja trágica: la libertad, que es vida, se conquista repartiendo la muerte.

(De *Regeneración*, septiembre 24 de 1910)

LA REVOLUCION[2]

Está para caer el fruto bien maduro de la revuelta intestina; el fruto amargo para todos los engreídos con una situación que produce honores, riquezas, distinciones a los que fundan sus goces en el dolor y en la esclavitud de la humanidad; pero fruto dulce y amable para todos los que por cualquier motivo han sentido sobre su dignidad las pezuñas de las bestias que en una noche de treinta y cuatro años han robado, han violado, han matado, han engañado, han traicionado, ocultando sus crímenes bajo el manto de la ley, esquivando el castigo tras la investidura oficial.

¿Quiénes temen la Revolución? Los mismos que la han provocado; los que con su opresión o su explotación sobre las masas populares han hecho que la desesperación se apodere de las víctimas de sus infamias; los que con la injusticia y la rapiña han sublevado las conciencias y han hecho palidecer de indignación a los hombres honrados de la Tierra.

La Revolución va a estallar de un momento a otro. Los que por tantos años hemos estado atentos a todos los incidentes de la vida social y política del pueblo mexicano, no podemos engañarnos. Los síntomas del formidable cataclismo no dejan lugar a la duda de que algo está por surgir y algo por derrumbarse, de que algo va a levantarse y algo está por caer. Por fin, después de treinta y cuatro años de vergüenza, va a levantar la cabeza el pueblo mexicano, y por fin, después de esa larga noche, va a quedar convertido en ruinas el negro edificio cuya pesadumbre nos ahogaba.

[1] Alusión a los levantamientos dirigidos por el Partido Liberal en 1908 y 1910 en Valladolid. Aunque fracasados, fueron el antecedente de la insurrección general de 1910.

[2] Artículo redactado 24 horas antes de que estallara la Revolución.

Es oportuno ahora volver a decir lo que tanto hemos dicho: hay que hacer que este movimiento, causado por la desesperación, no sea el movimiento ciego del que hace un esfuerzo para librarse del peso de un enorme fardo, movimiento en que el instinto domina casi por completo a la razón. Debemos procurar los libertarios que este movimiento tome la orientación que señala la Ciencia. De no hacerlo así, la Revolución que se levanta no servirá más que para sustituir un Presidente por otro Presidente, o lo que es lo mismo un amo por otro amo. Debemos tener presente que lo que se necesita es que el pueblo tenga pan, tenga albergue, tenga tierra que cultivar; debemos tener presente que ningún Gobierno, por honrado que sea, puede decretar la abolición de la miseria. Es el pueblo mismo, son los hambrientos, son los desheredados los que tienen que abolir la miseria, tomando, en primer lugar, posesión de la tierra que, por derecho natural, no puede ser acaparada por unos cuantos, sino que es la propiedad de todo ser humano. No es posible predecir hasta dónde podrá llegar la obra reivindicadora de la próxima Revolución; pero si llevamos los luchadores de buena fe el propósito de avanzar lo más posible por ese camino; si al empuñar el winchester vamos decididos, no al encumbramiento de otro amo, sino a la reivindicación de los derechos del proletariado; si llevamos al campo de la lucha armada el empeño de conquistar la libertad económica, que es la base de todas las libertades, que es la condición sin la cual no hay libertad ninguna; si llevamos ese propósito, encauzaremos el próximo movimiento popular por un camino digno de esta época; pero si por el afán de triunfar fácilmente; si por querer abreviar la contienda quitamos de nuestras tendencias el radicalismo que las hace incompatibles con las tendencias de los partidos netamente burgueses y conservadores, entonces habremos hecho obra de bandidos y de asesinos, porque la sangre derramada no servirá más que para dar mayor fuerza a la burguesía, esto es, a la casta poseedora de la riqueza, que después del triunfo pondrá nuevamente la cadena al proletariado con cuya sangre, con cuyo sacrificio, con cuyo martirio ganó el poder.

Preciso es, pues, proletarios; preciso es, pues, desheredados, que no os confundáis. Los partidos conservadores y burgueses os hablan de libertad, de justicia, de ley, de gobierno honrado, y os dicen que, cambiando el pueblo los hombres que están en el Poder por otros, tendréis libertad, tendréis justicia, tendréis ley, tendréis gobierno honrado. No os dejéis embaucar. Lo que necesitáis es que se os asegure el bienestar de vuestras familias y el pan de cada día; el bienestar de las familias no podrá dároslo ningún Gobierno. Sois vosotros los que tenéis que conquistar esas ventajas, tomando desde luego posesión de la tierra, que es la fuente primordial de la riqueza, y la tierra no os la podrá dar ningún Gobierno, ¡entendedlo bien!, porque la ley defiende el "derecho" de los detentadores de la riqueza; tenéis que tomarlo vosotros a despecho de la ley, a despecho del Gobierno, a despecho del pretendido derecho de propiedad; tendréis que tomarlo vosotros en nombre de la justicia natural, en nombre del derecho que todo ser humano tiene a vivir y a desarrollar su cuerpo y su inteligencia.

Cuando vosotros estéis en posesión de la tierra, tendréis libertad, tendréis justicia, porque la libertad y la justicia no se decretan: son el resultado de la independencia económica, esto es, de la facultad que tiene un individuo de vivir sin depender de un amo, esto es, de aprovechar para sí y para los suyos el producto íntegro de su trabajo.

Así, pues, tomad la tierra. La ley dice que no la toméis, que es de propiedad particular: pero la ley que tal cosa dice fue escrita por los que os tienen en la esclavitud, y tan no responde a una necesidad general, que necesita el apoyo de la fuerza. Si la ley fuera el resultado del consentimiento de todos, no necesitaría el apoyo del polizonte, del carcelero, del juez, del verdugo, del soldado y del funcionario. La ley os fue impuesta, y contra las imposiciones arbitrarias, apoyadas por la fuerza, debemos los hombres dignos responder con nuestra rebeldía.

Ahora, ¡a luchar! La Revolución, incontenible, avasalladora, no tarda en llegar. Si queréis ser libres de veras, agrupaos bajo las banderas libertarias del Partido Liberal; pero si queréis solamente daros el extraño placer de derramar sangre y derramar la vuestra "jugando a los soldados", agrupaos bajo otras banderas, las antirreeleccionistas por ejemplo, que después de que "juguéis a los soldados", os pondrán nuevamente el yugo patronal y el yugo gubernamental; pero, eso sí, os habréis dado el gustazo de cambiar el viejo Presidente, que ya os chocaba por otro flamante, acabadito de nacer.

Compañeros, la cuestión es grave. Comprendo que estáis dispuestos a luchar; pero luchad con fruto para la clase pobre. Todas las revoluciones han aprovechado hasta hoy a las clases encumbradas, porque no habéis tenido idea clara de vuestros derechos y de vuestros intereses, que, como lo sabéis, son completamente opuestos a los derechos y a los intereses de las clases intelectuales y ricas. El interés de los ricos es que los pobres sean pobres eternamente, porque la pobreza de las masas es la garantía de sus riquezas. Si no hay hombres que tengan necesidad de trabajar a otro hombre, los ricos se verán obligados a hacer alguna cosa útil, a producir algo de utilidad general para poder vivir; ya no tendrán entonces esclavos a quienes explotar.

No es posible predecir, repito, hasta dónde llegarán las reivindicaciones populares en la Revolución que se avecina; pero hay que procurar lo más que se pueda. Ya sería un gran paso hacer que la tierra fuera de propiedad de todos; y si no hubiera fuerza suficiente o suficiente conciencia entre los revolucionarios para obtener más ventaja que esa, ella sería la base de reivindicaciones próximas que por la sola fuerza de las circunstancias conquistaría el proletariado.

¡Adelante, compañeros! Pronto escucharéis los primeros disparos; pronto lanzarán el grito de rebeldía los oprimidos. Que no haya uno solo que deje de secundar el movimiento, lanzando con toda la fuerza de la convicción este grito supremo: ¡Tierra y Libertad!

(De *Regeneración*, noviembre 19 de 1910)

LA GUERRA SOCIAL

Ya no tienen razón de ser las revoluciones netamente políticas. Matarse por encumbrar a un hombre al Poder es sencillamente estúpido. En nuestra época el personalismo sólo puede ganar adeptos entre los ignorantes o entre los cazadores de posiciones y de prebendas.

La república burguesa ya no satisface a los hombres inteligentes y de buena fe. La república burguesa sólo satisface a los políticos, a los que quieren vivir a expensas del pueblo trabajador; pero a la luz de la filosofía moderna es un anacronismo cuya existencia sólo es justificada por la ignorancia de las masas y la mala fe de las llamadas clases directoras de la sociedad.

La república burguesa es un cadáver. Murió desde el momento en que, al hacerse la declaración de los "Derechos del Hombre", todo se garantizó, menos la igualdad social de los seres humanos que componen las naciones, y un cadáver no tiene derecho a inficionar el ambiente: hay que enterrarlo. El deber de los verdaderos revolucionarios es cavar una fosa y arrojar en ella a la república burguesa.

La igualdad social, que es el sueño generoso de todos los hombres emancipados, se conseguirá conquistando el derecho de vivir, y ese derecho consiste en la facultad que todo ser humano tiene de aprovechar los progresos alcanzados por la ciencia y por la industria en la producción de todo lo que hace agradable la existencia y es útil al desarrollo integral de la raza humana.

El derecho de vivir es lo que queremos conquistar los liberales; ya no queremos orgullosos señores de la tierra y mustios esclavos de la gleba; ya no queremos señores feudales, verdaderos amos de horca y cuchillo. ¿Quieren vivir en la tierra los señores terratenientes? Que la trabajen al igual de los que hasta aquí han sido sus esclavos, los oprimidos peones.

Una revolución que no garantice al pueblo el derecho de vivir, es una revuelta de políticos a quienes debemos dar la espalda los desheredados. Necesitamos los pobres una revolución social y no una revolución política, esto es, necesitamos una revolución que ponga en las manos de todos, hombres y mujeres, la tierra que hasta hoy ha sido el patrimonio exclusivo de unos cuantos mimados de la fortuna.

Pero, hay que entenderlo bien, la solución del problema debe quedar a cargo del proletariado. Si encomendamos la solución de él a las clases directoras de la sociedad, nos dirán que la aplacemos hasta que se haga la paz, hasta que se constituya un Congreso que "decrete" la felicidad de los habitantes de México, y una vez más en la historia de nuestras esperanzas defraudadas habremos hecho el papel nada envidiable de carne de cañón.

No; la sangre está corriendo ya a torrentes, y bien pronto esos torrentes serán ríos donde se habrán vaciado las vidas de muchos hombres buenos, y es necesario que ese derroche de energía, de vida y de generosos impulsos sirvan para algo más que el entronizamiento de otro magnate. Es necesario que el sacrificio de los buenos tenga como resultado la igualdad social de los que sobrevivan, y un paso hacia esa igualdad es el aprovechamiento de los productos de la tierra por todos los que trabajen, y no por los amos. Si los amos quieren gozar de los productos de la tierra, que empuñen también la azada; que entren al surco con los trabajadores; que rieguen también, con su sudor, la tierra, hasta hoy empapada solamente por las lágrimas, el sudor y la sangre de la plebe.

La igualdad ante la ley es una farsa; queremos la igualdad social. Queremos oportunidad para todos, no para acumular millones, sino para hacer una vida perfectamente humana, sin inquietudes, sin sobresaltos por el porvenir.

Para el logro de esos beneficios no sólo se opone Díaz: se opone, también, el Capital y se opondrá cualquier otro gobernante que elijan las masas, cualquiera que sea el nombre del candidato y por bueno que sea personalmente. Por eso los liberales estamos resueltos a variar el curso de la actual insurrección. El mal no es un hombre, sino el sistema político y económico que nos domina. Si el mal fuera un hombre, bastaría con matar a Porfirio Díaz para que la situación del pueblo mejorase; pero no es así. Puede desaparecer la odiosa personalidad del Dictador Mexicano, y el pueblo seguirá siendo esclavo: esclavo de los hombres de dinero, esclavo de la autoridad, esclavo de la ignorancia y de la miseria. Puede desaparecer el sanguinario tirano; pero el nuevo Presidente, quienquiera que él sea, tendrá listo el Ejército para asesinar a los trabajadores cuando éstos se declaren en huelga; tendrá listas las cárceles para castigar a las víctimas del medio que han delinquido por culpa del sistema social que nos ahoga: tendrá listos los jueces con sus odiosos libracos, tan blandos para los ricos, tan duros y crueles para los pobres. Puede morir el tirano; pero el sistema de opresión y de explotación quedará vivo y el pueblo seguirá siendo desgraciado.

Como ya lo he dicho otras veces, el Gobierno no es sino el gendarme del Capital, el torvo polizonte que cuida las cajas fuertes de las aves de rapiña de la banca, del comercio y de la industria. Para el capital tiene sumisiones y respetos; para el pueblo tiene el presidio, el cuartel y el patíbulo.

No esperemos, pues, nada bueno del gobierno que llegue a implantarse después de esta Revolución. Si queremos libertarnos, obremos por nuestra cuenta tomando posesión de la tierra para trabajarla en común, y armémonos todos para que si alguna tiranía quiere arrebatarnos nuestra dicha, estemos prontos a defenderla.

Agrupaos, pues, todos los desheredados, bajo las banderas igualitarias del Partido Liberal. Contribuid para el fomento de la Revolución liberal, que de su fuerza depende la felicidad y la libertad de quince millones de seres humanos.

(De *Regeneración*, febrero 11 de 1911)

LA PATRIA BURGUESA Y LA PATRIA UNIVERSAL [1]

Camaradas:

La humanidad se encuentra en uno de los momentos más solemnes de su historia. En el Universo nada es estable: todo cambia, y nos encontramos en el momento en que un cambio está por efectuarse en lo que se refiere al modo de agruparse de los seres humanos al conjunto de instituciones económicas, políticas, sociales, morales y religiosas, que constituyen lo que se llama sistema capitalista, o sea el sistema de la propiedad privada o individual.

El sistema capitalista muere herido por sí mismo, y la humanidad, asombrada, presencia el formidable suicidio. No son los trabajadores los que han arrastrado a las naciones a echarse unas sobre las otras: es la burguesía misma la que ha provocado el conflicto, en su afán por dominar los mercados. La burguesía alemana realizaba colosales progresos en la industria y en el comercio, y la burguesía inglesa sentía celos de su rival. Eso es lo que hay en el

[1] Palabras pronunciadas el 19 de septiembre de 1915.

fondo de ese conflicto que se llama guerra europea: celos de mercachifles, enemistades de traficantes, querellas de aventureros. No se litiga en los campos de Europa el honor de un pueblo, de una raza o de una patria, sino que se disputa, en esa lucha, de fieras, el bolsillo de cada quien: son lobos hambrientos que tratan de arrebatarse una presa. No se trata del honor nacional herido ni de la bandera ultrajada, sino de una lucha por la posesión del dinero, del dinero que primero se hizo sudar al pueblo en los campos, en las fábricas, en las minas, en todos los lugares de explotación y que ahora se quiere que ese mismo pueblo explotado lo guarde con su vida en los bolsillos de los que lo robaron.

¡Qué sarcasmo! ¡Qué ironía sangrienta! Se hace trabajar al pueblo por un mendrugo, quedándose los amos con la ganancia, y después se hace que los pueblos se destrocen unos a otros para que esa garantía no sea arrancada de las uñas de sus verdugos. Protegernos los pobres, está bien: ese es nuestro deber, esa es la obligación que nos impone la solidaridad. Protegernos los unos a los otros, ayudarnos, defendernos mutuamente, es una necesidad que debemos satisfacer si no queremos ser aniquilados por nuestros señores; pero armarnos y echarnos unos sobre los otros para defender el bolsillo de nuestros amos, es un crimen de lesa clase, es una felonía que debemos rechazar indignados. A las armas, está bien, pero contra los enemigos de nuestra clase, contra los burgueses, y si nuestro brazo ha de tronchar alguna cabeza, que sea la del rico; si nuestro puñal ha de alcanzar algún corazón, que sea el del burgués. Pero no nos destrocemos los pobres unos a los otros.

En los campos de Europa los pobres se destrozan unos a los otros en beneficio de los ricos, quienes hacen creer que luchan en beneficio de la patria. Y bien, ¿qué patria tiene el pobre? El que no cuenta más que con sus brazos para ganarse el sustento, sustento del que carece si al amo maldito no se le antoja explotarlo, ¿qué patria tiene? Porque la patria debe ser algo así como una buena madre que ampara por igual a todos sus hijos. ¿Qué amparo tienen los pobres en sus respectivas patrias? ¡Ninguno! El pobre es un esclavo en todos los países, es desgraciado en todas las patrias, es un mártir bajo todos los gobiernos.

Las patrias no dan pan al hambriento, no consuelan al triste, no enjugan el sudor de la frente del trabajador rendido de fatiga, no se interponen entre el débil y el fuerte para que éste no abuse del primero; pero cuando los intereses del rico están en peligro, entonces se llama al pobre para que exponga su vida por la patria, por la patria de los ricos, por una patria que no es nuestra, sino de nuestros verdugos.

Abramos los ojos, hermanos de cadena y de explotación; abramos los ojos a la luz de la razón. La patria es de los que la poseen, y los pobres nada poseen. La patria es la madre cariñosa del rico y la madrastra del pobre. La patria es el polizonte armado de un garrote, que nos arroja a puntapiés al fondo de un calabozo o nos pone el cordel en el pescuezo cuando no queremos obedecer las leyes escritas por los ricos en beneficio de los mismos ricos. La patria no es nuestra madre: ¡es nuestro verdugo!

Y por defender a ese verdugo, nuestros hermanos los proletarios de Europa se arrancan la existencia los unos a los otros. Imaginaos el espacio que ocuparán más de 6.000,000 de cadáveres; una montaña de cadáveres, ríos de sangre y de lágrimas, eso es lo que ha producido hasta este momento la guerra europea. Y esos muertos son nuestros hermanos de clase, son carne de nuestra carne y sangre de nuestra sangre. Son trabajadores que desde niños fueron enseñados a amar a la patria burguesa, para que, llegado el caso, se dejasen matar por ella. ¿Qué poseían de sus patrias esos héroes? ¡Nada! No poseían otra cosa que un par de brazos robustos para procurarse el sustento propio y el de sus familias. Ahora las viudas, los dolientes de esos trabajadores tendrán que morirse de hambre. Las mujeres se prostituirán para llevarse a la boca un pedazo de pan; los niños robarán para llevar algo de comer a sus ancianos padres; los enfermos irán al hospital y a la tumba. Burdel, presidio, hospital, muerte miserable: he ahí el premio que recibirán los deudos de los héroes que mueren por su patria, mientras los ricos y los gobernantes derrochan en francachelas el oro que se ha hecho sudar al pueblo en la fábrica, en el taller, en la mina. ¡Qué contraste! Sacrificio, dolor, lágrimas para los que todo lo producen, para los creadores abnegados de la riqueza. Placeres y dichas para los holgazanes que están sobre nuestros hombros. Sacudámonos, agitémonos, obremos para que caigan a nuestros pies los parásitos que acaban con nuestra existencia. Pongamos resueltamente nuestros puños en el cuello del enemigo. Somos más fuertes que él. Un revolucionario dijo esta inmensa verdad: "Los tiranos nos parecen grandes porque estamos de rodillas; ¡levantémonos!"

Y bien: horrible como es la carnicería insensata que convierte en matadero el territorio del Viejo Mundo, ella tiene que producir inmensos bienes a la humanidad, y en lugar de entregarnos a tristes reflexiones considerando tan sólo el dolor, las lágrimas y la sangre, alegrémonos, regocijémonos de que tal hecatombe haya tenido lugar. La catástrofe mundial que contemplamos es un mal necesario. Los pueblos, envilecidos por la civilización burguesa, ya no se acordaban de que tenían derechos, y se hacía indispensable una sacudida formidable para despertarlos a la realidad de las cosas. Hay muchos que necesitan del dolor para abrir sus cerebros a la razón. El maltrato envilece al apocado y al tímido; pero en el pecho del hombre de vergüenza despierta sentimientos de dignidad y de noble orgullo que lo hacen rebelarse. El hambre doblega al cobarde y lo entrega de rodillas al burgués; pero es al mismo tiempo un acicate que hace encabritar a los pueblos. El sufrimiento puede conducir a la resignación y a la paciencia; pero también puede poner, en las manos del hombre valiente, el puñal, la bomba y el revólver. Y esto será lo que suceda cuando termine esta guerra infame, o lo que la hará terminar. Las grandes batallas campales terminarán con la barricada y el motín de los pueblos rebelados, y las banderas nacionales se desvanecerán en el espacio, para dar lugar a la bandera roja de los desheredados del mundo.

Entonces la revolución que nació en México, y que vive aún como un azote y un castigo para los que explotan, los que embaucan y los que oprimen a la humanidad, extenderá sus flamas bienhechoras por toda la Tierra y en lugar de cabezas de proletarios rodarán por el suelo las cabezas de los ricos, de los gobernantes y de los sacerdotes, y un solo grito subirá al espacio escapado del pecho de millones y millones de seres humanos: ¡Viva Tierra y Libertad!

Y por primera vez el Sol no se avergonzará de enviar

sus rayos gloriosos a esta mustia Tierra, dignificada por la rebelión, y una humanidad nueva, más justa, más sabia, convertirá a todas las patrias en una sola patria, grande, hermosa, buena: la patria de los seres humanos; la patria del hombre y de la mujer, con una sola bandera: la de la fraternidad universal.

Saludemos, compañeros de fatigas y de ideales, a la Revolución mexicana. Saludemos esa epopeya sublime del peón convertido en hombre libre por la rebeldía, y pongamos todo lo que esté de nuestra parte, nuestro dinero, nuestro talento, nuestra energía, nuestra buena voluntad, y si necesario es sacrifiquemos nuestro bienestar, nuestra libertad y aun nuestra vida para que esa Revolución no termine con el encumbramiento de ningún hombre al Poder, sino que, siguiendo su curso reivindicador, termine con la abolición del derecho de propiedad privada y la muerte del principio de autoridad; porque mientras haya hombres que poseen y hombres que nada tienen, el bienestar y la libertad serán un sueño, continuarán existiendo tan sólo como una bella ilusión jamás realizada.

La Revolución no debe ser el medio de que se valgan los malvados para encumbrarse, sino el movimiento justiciero que dé muerte a la miseria y a la tiranía, cosas que no mueren eligiendo gobernantes, sino acabando con el llamado derecho de propiedad privada. Este derecho es la causa de todos los males que sufre la humanidad. No hay que buscar el origen de nuestros males en otra cosa, pues por el derecho de propiedad hay Gobiernos y hay sacerdotes. El Gobierno es el encargado de ver que los ricos no sean despojados por los pobres, y los sacerdotes no tienen otra misión que infundir en los pechos proletarios la paciencia, la resignación y el temor de Dios, para que no piensen jamás en rebelarse contra sus tiranos y explotadores.

El Partido Liberal mexicano —unión obrera revolucionaria— comprende que la libertad y el bienestar son imposibles mientras existan el Capital, la Autoridad y el Clero, y a la muerte de estos tres monstruos o de ese monstruo de tres cabezas, tienden todos sus esfuerzos, y a la propaganda y a la acción de los miembros de este Partido se debe el hecho de que no hay un gobierno estable en México, esto es, que no se fortalezca una nueva tiranía. No queremos ricos, no queremos gobernantes ni sacerdotes; no queremos bribones que exploten las fuerzas de los trabajadores; no queremos bandidos que sostengan con la ley a esos bribones, ni malvados que en nombre de cualquier religión hagan del pobre un cordero que se deje devorar de los lobos sin resistencia y sin protesta.

Aquellos de vosotros que queráis conocer a fondo por qué lucha el Partido Liberal mexicano, no tenéis que hacer otra cosa que leer el Manifiesto de 23 de septiembre de 1911, promulgado por la Junta Organizadora del Partido.

Así como la guerra europea es un mal necesario, La Revolución mexicana es un bien. Hay sangre, hay lágrimas, hay sacrificios, es cierto; pero ¿qué grande conquista ha sido obtenida entre fiestas y placeres? La libertad es la conquista más grande que puede apetecer un pecho digno, y la libertad sólo se obtiene arrostrando la muerte, la miseria y el calabozo.

Pensar que de otra manera se puede conquistar la libertad, es equivocarse lamentablemente.

Nuestra libertad está en las manos de nuestros opresores: de ahí que no podamos adquirirla sin lucha y sin sacrificio.

¡Adelante! Si en Europa se combate todavía por la patria, esto es, por los ricos, ¡en México se lucha por Tierra y Libertad! ¡Adelante! El momento es solemne. En México el sistema capitalista se derrumba a los golpes de la plebe dignificada, y los clamores de los ricos y los clérigos llegan a Washington a trastornar el seso de ese pobre juguete de la burguesía que se llama Woodrow Wilson, el presidente enano, el funcionario de sainete que, por ironía del Destino, le ha tocado ser actor en una tragedia en la que solamente deberían tomar parte personajes de hierro.

¡Adelante! El remedio está a nuestro alcance. Para acabar con el sistema capitalista no tenemos otra cosa que hacer que poner nuestras manos sobre los bienes que se encuentran en las garras de los ricos y declararlos propiedad de todos, hombres y mujeres. El hombre arriesga su vida por encumbrar a un gobernante, que por más amigo del pobre que se diga ser, nunca lo será más que lo es del rico, ya que su misión es velar porque la ley sea respetada, y la ley ordena que se respete el derecho de propiedad privada o individual. ¿Para qué matarse por tener un gobierno? ¿Por qué no, mejor, sacrificarse por no tener ninguno, con mayor razón cuando el mismo esfuerzo que se hace para quitar a un gobernante y poner otro en su lugar, es el mismo que se necesita para arrancar de las manos de los ricos la riqueza que detentan?

La expropiación: éste es el remedio; pero debe ser la expropiación para beneficio de todos y no de unos cuántos. La expropiación es la llave de oro que abre las puertas de la libertad, porque la posesión de la riqueza da la independencia económica. El que no necesita alquilar sus brazos para vivir, ése es libre.

¡Adelante! No es posible detenerse y ser simples espectadores del drama formidable. Que cada cual se una a los de su clase: el pobre con el pobre; el rico con el rico, para que cada quien se encuentre con los suyos y en su puesto en la batalla final: la de los pobres contra los ricos; la de los oprimidos contra los opresores; la de los hambrientos contra los hartos, y cuando el humo del último disparo se haya disipado, y del edificio burgués no quede piedra sobre piedra, que el sol alumbre nuestras frentes ennoblecidas y a la Tierra le quepa el orgullo de sentirse pisada por hombres y no por rebaños.

Aprendamos algo de nuestros hermanos los revolucionarios expropiadores de México. Ellos no han esperado a que se encarame nadie a la Presidencia de la República para iniciar una era de justicia. Como hombres han destruido todo lo que se oponía a su acción redentora. Revolucionarios de verdad, han hecho pedazos la ley, la ley solapadora de la injusticia, la ley alcahueta del fuerte. Con mano robusta han hecho pedazos las rejas de los presidios, y con los barrotes han hundido el cráneo de jueces y cagatintas. Al burgués le han acariciado el pescuezo con la cuerda de los ahorcados, y con gesto heroico, jamás presenciado por los siglos, han puesto la mano sobre la tierra que palpita emocionada al sentirse poseída por hombres libres...

¡Adelante! Que en este momento solemne cada quien cumpla con su deber.

¡Viva la anarquía! ¡Viva el Partido Liberal mexicano! ¡Viva Tierra y Libertad!

(De *Regeneración*)

EL HORROR A LA REVOLUCION

"No queremos luchas fratricidas, no queremos sangre, no queremos guerra", dicen los timoratos. Y hablan en seguida de los horrores de la matanza: la sangre corriendo en abundancia, la atmósfera cargada de espesos humos, el ruido ensordecedor de las armas de fuego; sangre, agonía, muerte, incendio, ¡qué horror!

¡Qué horror! En verdad, compañeros, nada tiene de agradable el espectáculo que ofrece la guerra; pero la guerra es necesaria. Es necesaria la guerra cuando hay algo que se opone a la conquista del bienestar.

Es horrible la guerra, cuesta muchas vidas, muchas lágrimas y muchos dolores; pero ¿qué decir de la paz? ¿Qué decir, compañeros, de la paz bajo el presente sistema de explotación capitalista y de barbarie gubernamental? ¿Garantiza siquiera la vida esta paz?

Por horrible que sea la guerra, no sobrepasa en horror a la paz. La paz tiene sus víctimas, la paz es sombría; pero no porque la paz, por sí misma, sea mala, sino por el conjunto de circunstancias que la componen en la actualidad. Sin necesidad de que haya guerra, hay víctimas en tiempo de paz, y, según las estadísticas, las víctimas en tiempo de paz son más numerosas que las víctimas en tiempo de guerra.

Basta con leer todos los días los periódicos de información para convencerse de que es una verdad lo que digo. Ya es una mina que se desploma y aplasta a centenares o miles de trabajadores; o bien, un tren que descarrila y produce la muerte de los pasajeros; o un buque que se hunde y sepulta en el fondo del mar a muchas personas. La muerte espía al ser humano en todos los momentos de su existencia. El trabajador cae de los andamios y se despedaza el cuerpo. Otro, manejando una máquina, se corta un brazo, una pierna y queda mutilado o muere. El número de personas que mueren anualmente en virtud de catástrofes mineras, ferroviarias, marítimas y de otra naturaleza es verdaderamente alarmante. Los que mueren como consecuencia de incendios de teatros, hoteles y casas alcanzan una cifra desesperante cada año.

Pero no es esto todo: las condiciones de insalubridad en que se efectúa el trabajo en las fábricas y los talleres;

lo fatigoso de las tareas; la incomodidad e insalubridad de las viviendas de los trabajadores —forzados a vivir en verdaderas zahúrdas—; la suciedad de los barrios obreros; la mala alimentación que el trabajador puede conseguir por los salarios miserables que gana; la adulteración de los artículos alimenticios; la inquietud en que vive el hombre de trabajo, que teme que de un momento a otro no podrá llevar pan a la familia; y el disgusto que produce el hecho de encontrarse bajo la influencia del polizonte, bajo la influencia de leyes bárbaras dictadas por el estúpido egoísmo de las clases encumbradas, bajo la influencia de monigotes descerebrados que la hacen de autoridad; todo ello: insalubridad, mala alimentación, trabajo fatigoso, inquietud por el porvenir, disgusto del presente, minan la salud de las clases pobres, engendran enfermedades espantosas como la tisis, el tifo y otras que diezman a los desheredados y cuyos estragos alcanzan a todos: a hombres, a mujeres, ancianos y niños. Lo que no ocurre con la guerra, en la que es raro el caso del atropello a los ancianos, a las mujeres y a los niños, a no ser que se trate de un tirano bestial —como Porfirio Díaz—, para quien no hay en esta vida criatura respetable. El tigre hinca los colmillos indistintamente en las carnes de un viejo, de una mujer o de un niño.

Todas estas calamidades, que sufre la humanidad en tiempo de paz, son el resultado de la impotencia del Gobierno y de la ley para hacer la felicidad de los pueblos por la sencilla razón de que tanto el Gobierno como la ley no son otra cosa que los guardianes del Capital, y el Capital es nuestra cadena común. El Capital quiere ganancias y, por lo tanto, no se preocupa de la vida humana. El dueño de una mina no se preocupa porque el lugar del trabajo ofrezca riesgos para la vida de los obreros; no hace las obras necesarias para que el trabajo se efectúe en la mina en condiciones de seguridad que garanticen la vida de los mineros. Por eso se desploman las minas, ocurren explosiones, los obreros se desprenden de los elevadores y hay otros muchos siniestros. El capitalista tendría que ganar menos si protegiese la vida de sus operarios, y prefiere que éstos revienten en una catástrofe; que las viudas y los huérfanos perezcan de hambre o se prostituyan para poder vivir, a gastar algunas sumas en favor de los que con su trabajo lo enriquecen, de los que con su sacrificio lo hacen feliz.

Igual cosa puede decirse de los desastres ferrocarrileros y marítimos. El mal material de que están construidos los barcos, los coches y las locomotoras, para obtener todo eso al menor costo posible, y el deterioro que se opera en ellos con el uso; el hecho de que las compañías tienen que usarlo todo hasta su máximum de duración para gastar menos, añadiéndose a todo esto el mal estado de las vías, que hay que componer lo menos posible para sacar mayores utilidades, hacen que la inseguridad sea efectiva e inminentes las catástrofes.

La ganancia que quiere el Capital es, también, la causa de que el trabajo en las fábricas y talleres se haga en condiciones de insalubridad manifiesta. El capitalista tendría que gastar dinero para que las condiciones higiénicas de los lugares de trabajo fueran buenas, y es precisamente lo que no quiere. La salud y la vida de los trabajadores no entran en los cálculos de los capitalistas. Ganar dinero, no importa cómo, es la divisa de los señores burgueses.

La miseria, por sí sola, es más horrible que la guerra y causa más estragos que ella. El número de niños que mueren cada año es fabuloso; el número de tuberculosos que mueren cada año, es, igualmente, admirable. Esos fallecimientos se deben a la miseria, y la miseria es el producto del sistema capitalista.

¿Por qué temer la guerra? Si se tiene que morir aplastado por la tiranía capitalista y gubernamental en tiempo de paz, ¿por qué no morir mejor combatiendo lo que nos aplasta? Es menos espantoso que se derrame sangre que conquistar la libertad y el bienestar, que continúe derramándose bajo el actual sistema político y social en provecho de nuestros explotadores y tiranos.

Además, la guerra no produce tantas víctimas como la paz bajo el actual sistema. El número de personas que resultan muertas en una batalla o en un encuentro es reducidísimo en comparación con el número de hombres que han entrado en juego por ambas partes combatientes; y si fuera posible que toda una nación estuviese en revolución, si ese estado de guerra durase un año, al final de ese tiempo se vería que, por las dificultades que había tenido el capitalista para explotar a los trabajadores por hallarse la mayor parte de éstos con las armas en la mano, el número de defunciones había decrecido, o al menos había sido igual al de los años pasados en paz. Esto ha podido comprobarse en países que han estado en revolución. Los trabajos se suspenden por el estado de guerra; los trabajadores cambian el malsano género de vida de la fábrica, del taller o de la mina, por la vida sana al aire libre, comiendo carne en abundancia, haciendo saludable ejercicio, y, sobre todo, teniendo reanimado el espíritu con la esperanza de cambiar de condición, o simplemente satisfechos de levantar el rostro y de sentirse libres enfrente de sus amos espantados.

Es mejor morir atravesado por una bala defendiendo su derecho y el bienestar de sus hermanos, que perecer aplastado, como un gusano, bajo los escombros de la mina, o triturado por la maquinaria, o en una agonía penosa y lenta en un rincón de la negra covacha.

Gritemos con todas nuestras fuerzas: ¡Viva la Revolución! ¡Muera la paz capitalista!

(De *Regeneración*, diciembre 17 de 1910.)

¡DESPIERTA, PROLETARIO!

¡Arriba, proletario consciente; arriba, hermano! En estos momentos muchos proletarios están sobre las armas; pero no saben lo que hacen, o, mejor dicho, no saben para quién trabajan, como dice el vulgar adagio. Tú, que conoces los intereses de tu clase; tú, que sabes lo que necesitan los pobres, corre a decirles: "Compañeros, para conquistar la libertad y la felicidad se necesita algo más que un corazón bravo y un arma en la mano: se necesita una idea en el cerebro."

Un barco sin brújula en la inmensidad del océano, eso es el revolucionario que no cuenta más que con su arma y su valor. El barco puede luchar contra las olas, puede sostenerse contra los vientos; pero ¿cómo orientarse para llegar al puerto si falta la brújula? Así, el revolucionario puede sostenerse en rebeldía, puede sembrar la muerte; pero si le falta la idea directora de su acción, no será otra cosa que un barco sin brújula. El revolucionario, entonces, no sabe para qué mata, como el hacha no sabe para qué derriba el árbol.

¡Arriba, proletario consciente; arriba, hermano! Es preciso que vueles al lado de tus hermanos para decirles: "Compañeros, habéis sido, hasta hoy, brazo y cincel; ahora es preciso que seáis cerebro, brazo y cincel."

Proletario: no permitas por más tiempo que otro piense para que tú ejecutes. El cincel, a costa de su filo, arranca pedazos al mármol sin saber qué resultará de su acción. El revolucionario, a costa de su sangre, ataca los baluartes del despotismo sin saber cuál será la forma del edificio que se levantará sobre los humeantes escombros.

Si otro piensa por ti, no te asombre ver seguir, como si retoñase el negro edificio que aplastaste, otro más negro aún, más pesado, de donde asomen defensores más siniestros, y entre esos flamantes defensores del futuro despotismo reconocerás a los que hoy te aconsejan que tomes un fusil y te rebeles; pero omiten hacerte comprender tus intereses como pobre para que por ellos, y no por tus intereses, des la vida.

Abre los ojos, eterno paria; sángrate, carne de cañón, inquilino del cuartel y del presidio. Comprende cuál es tu interés; lleva en tu cerebro una idea, y, así, irás derecho a tu objeto, y del caos de la Revolución sabrás sacar la fórmula bendita de tu redención, con el mismo acierto con que el escultor despierta en el trozo de cantera la figura, la actitud, el gesto de la obra de arte que, sin él, habría dormido por millones de años más bajo el seno de la tierra; y entonces, si caes herido de muerte en el combate, podrás decir con orgullo lo que aquel poeta que, al ir a morir decapitado, se llevó la mano a la frente y exclamó ante el verdugo y ante el pueblo: "¡Aquí hay algo!"

No entres a la lucha como rebaño, sino como unidad combatiente que se suma con otras unidades iguales, conscientes y rebeldes, para abrir su sepulcro a la tiranía política y a la explotación capitalista.

Derriba, pero cuida de remover los escombros y de arrancar los cimientos. Quebranta con la acción el llamado derecho de propiedad; pero no para que te apoderes individualmente de lo que detentan tus amos, pues entonces te convertirías en amo, oprimirías a tus hermanos y serías tan ladrón y tan malvado como los que te explotan ahora.

Tu liberación debe estar comprendida en la liberación de todos los humanos. La tierra que hay que quitar a los burgueses no debe ser para ti solo, ni para unos cuantos, sino para todos, sin distinción de sexo.

Levanta la testa sudorosa; ve de frente a tus amos, que tiemblan presintiendo tu cólera; domínala y pon en su lugar a la razón. La cólera ciega; la razón alumbra. Así verás mejor tu camino en medio de las sombras de la lucha tremenda; así podrás darte cuenta de que, entre los que quieren dirigirte, hay muchos lobos con piel de oveja; hay muchos que, por un momento, mitigan tu hambre dándote unas monedas para que las des a tu familia antes de lanzarte a la lucha. ¡Unas monedas por ir a dar tu sangre para que él se suba sobre tus hombros! ¿Es digno eso? ¿Eres un soldado de la libertad, o el mercenario alquilado por un ambicioso?

No, compañero: rechaza el dinero. No es digno de un hombre pedir dinero para ir a conquistar la libertad y el bienestar. Si hicieras eso, ¿en qué te distinguirías del esbirro que dispara el arma sobre sus hermanos por la paga que ha recibido?

El fusil del mercenario forja cadenas porque está sostenido por un corazón egoísta; el fusil del libertario forja la libertad porque está sostenido por un corazón abnegado. El que se levanta en armas por paga, lleva la idea del provecho personal con exclusión del ajeno; el que se levanta en armas por amor a la libertad, lleva la idea del bienestar de todos. ¿Pidieron dinero, para ser héroes, Hidalgo, "Pípila", "El hombre Cureña"? ¿Se concibe siquiera un héroe por paga? Suponeos al "Héroe de Nacozari" regateando sobre el precio de su heroísmo; suponeos a Juárez pidiendo paga por decretar la expropiación de los bienes del clero: suponeos a Cristo demandando oro para ser sacrificado.

¡Despierta, proletario! Ve a la lucha con el propósito de luchar para tu clase. Al que dé dinero para que empuñes un fusil, desprécialo, míralo con desconfianza, porque te da unas cuantas monedas para que des tu vida por él; quiere tu sacrificio para hacer su felicidad; quiere tu ruina y la desgracia de tu familia para su provecho personal. Ve a la lucha, proletario; pero no para encumbrar a nadie, sino para elevar a tu clase, para dignificarla; ya que la ocasión se presenta de que tengas un arma en tus manos, toma la tierra, pero no para ti solo: para ti y para todos los demás, pues que de todos es por derecho natural.

Proletario consciente: vuela donde luchan tus hermanos para decirles que se necesita algo más que un corazón valiente y un arma en las manos: diles que se necesita una idea en el cerebro. Y esa idea, óyelo bien, debe ser la emancipación económica. Si no obtienes esa libertad, habrás dado, una vez más, tu sangre para que te oprima otro tirano.

(De *Regeneración*, diciembre 24 de 1910.)

EL DERECHO DE PROPIEDAD

Entre todos los absurdos que la humanidad venera, éste es uno de los más grandes y es uno de los más venerados.

El derecho de propiedad es antiquísimo, tan antiguo como la estupidez y la␣ceguedad de los hombres; pero la sola antigüedad de un derecho no puede darle el "derecho" de sobrevivir. Si es un derecho absurdo, hay que acabar con él no importando que haya nacido cuando la humanidad cubría sus desnudeces con las pieles de los animales.

El derecho de propiedad es un derecho absurdo porque tuvo por origen el crimen, el fraude, el abuso de la fuerza. En un principio no existía el derecho de propiedad territorial de un solo individuo. Las tierras eran trabajadas en común, los bosques surtían de leña a los hogares de todos, las cosechas se repartían a los miembros de la comunidad según sus necesidades. Ejemplos de esta naturaleza pueden verse todavía en algunas tribus primitivas, y aun en México floreció esta costumbre entre las comunidades indígenas en la época de la dominación española, y vivió hasta hace relativamente pocos años, siendo la causa de la guerra del Yaqui en Sonora y de los mayas en Yucatán el acto atentatorio del despotismo de arrebatarles las tierras a esas tribus indígenas, tierras que cultivaban en común desde hacía siglos.

El derecho de propiedad territorial de un solo individuo nació con el atentado del primer ambicioso que llevó la guerra a una tribu vecina para someterla a la servidumbre, quedando la tierra que esa tribu cultivaba en común, en poder del conquistador y de sus capitanes. Así, por medio de la violencia, por medio del abuso de la fuerza, nació la propiedad territorial privada. El agio, el fraude, el robo más o menos legal, pero de todos modos robo, son otros tantos orígenes de la propiedad territorial privada. Después, una vez tomada la tierra por los primeros ladrones, hicieron leyes ellos mismos para defender lo que llamaron y llaman aún en este siglo su "derecho", esto es, la facultad que ellos mismos se dieron de usar las tierras que habían robado y disfrutar del producto de ellas sin que nadie los molestase. Hay que fijarse bien que no fueron los despojados los que dieron a esos ladrones el derecho de propiedad de las tierras; no fue el pueblo de ningún país quien les dio la facultad de apropiarse de ese bien natural, al que todos los seres humanos tenemos derecho. Fueron los ladrones mismos quienes, amparados por la fuerza, escribieron la ley que debería proteger sus crímenes y tener a raya a los despojados de posibles reivindicaciones.

Este llamado derecho se ha venido trasmitiendo de padres a hijos por medio de la herencia, con lo que el bien, que debería ser común, ha quedado a la disposición de una casta social solamente con notorio perjuicio del resto de la humanidad, cuyos miembros vinieron a la vida cuando ya la tierra estaba repartida entre unos cuantos haraganes.

El origen de la propiedad territorial ha sido la violencia, por la violencia se sostiene aún; pues que si algún hombre quiere usar un pedazo de tierra sin el consentimiento del llamado dueño, tiene que ir a la cárcel, custodiado precisamente por los esbirros que están mantenidos, no por los dueños de las tierras, sino por el pueblo trabajador, pues aunque las contribuciones salen aparentemente de los cofres de los ricos, éstos se dan buena maña para reembolsarse el dinero pagando salarios de hambre a los obreros o vendiéndoles los artículos de primera necesidad a alto precio. Así, pues, el pueblo, con su trabajo, sostiene a los esbirros que le privan de tomar lo que le pertenece.

Y si este es el origen de la propiedad territorial, si el derecho de propiedad no es sino la consagración legal del crimen, ¿por qué levantar los brazos al cielo cuando se sabe que el Partido Liberal mexicano trabaja por expropiar la tierra que acaparan los ricos, esto es, los descendientes de los ladrones que se la apropiaron por medio del crimen, para entregarla a su dueño natural que es el pueblo, esto es, los habitantes todos de México?

Algunos maderistas simpatizan con la idea de entregar al pueblo la tierra; pero, conservadores al fin, quieren que el acto revista una solemnidad legal, esto es, quieren que un Congreso decrete la expropiación. He escrito mucho sobre la materia, y me admira que haya todavía quien no pueda entender lo que he dicho, pues tengo la pretensión de que he hablado con entera claridad. "Ningún Congreso, he dicho, se atreverá a decretar la expropiación de la tierra, porque a los bancos del Congreso no van a ir los hambrientos, sino los hartos; porque a los bancos del Congreso no van a ir los trabajadores, sino sus amos; no van a ir los ignorantes y los pobres, sino los intelectuales y los ricos." Es decir, en el Congreso tendrán representación las llamadas clases directoras: los ricos, los literatos, los hombres de ciencia, los profesionistas; pero no se permitirá que cuele ahí a ningún trabajador de pico y pala, a ningún peón, a ningún obrero, y si, por un verdadero milagro, logra franquear el umbral del recinto de las leyes algún trabajador, ¿cómo podría luchar contra hombres avezados en las luchas de la palabra? ¿Cómo podría hacer preponderar sus ideas si le faltaran los conocimientos científicos que la burguesía posee en abundancia? Pero podría decirse que el pueblo trabajador enviaría personas competentes al Congreso para que lo representen. En todo el mundo están desprestigiados los llamados representantes del Trabajo en los Parlamentos. Son tan burgueses como cualquier otro representante. ¿Qué han hecho los representantes obreros del pueblo inglés en la Cámara de los Comunes? ¿Qué ventaja objetiva han obtenido los representantes obreros en el Parlamento francés? En el Parlamento alemán hay gran número de representantes obreros, y ¿qué han hecho en pro de la libertad económica de los trabajadores? El Parlamento austrohúngaro es notable por el número crecido de representantes obreros que se sientan en sus bancos, y sin embargo, el problema del hambre está en Austria-Hungría sin resolver, como en cualquier otro país en que no hay representantes del trabajo en el Congreso.

Hay, pues, que desengañarse. La expropiación de la tierra de las manos de los ricos, debe hacerse efectiva durante la presente insurrección. Los liberales no cometeremos un crimen entregando la tierra al pueblo trabajador, porque es de él, del pueblo, es la tierra que habitaron y regaron con su sudor sus más lejanos antecesores; la tierra que los gachupines robaron por la fuerza a nuestros padres indios; la tierra que esos gachupines dieron por medio de la herencia a sus descendientes, que son los que actualmente la poseen. Esa tierra es de todos los mexicanos por derecho natural. Algunos la han de haber comprado; pero ¿de dónde sacaron el dinero para hacer la compra si no del trabajo de los peones y obreros mexicanos? Otros tomarían esa tierra denunciándola como baldía; pero, si era baldía, pertenecía al pueblo, y nadie tenía derecho de darla al que ofreciera unos cuantos pesos por ella. Otros han de haber adquirido la tierra aprovechándose de su amistad con los hombres del Gobierno para obtenerla sin que les costase un solo centavo si era baldía, o por medio de chanchullos judiciales si pertenecía a algún enemigo de la Dictadura, o a alguna persona sin influencia y sin dinero. Otros más han adquirido la tierra haciendo préstamos a rédito subidísimo a los rancheros en pequeño, que se vieron al fin obligados a dejar la tierra en manos de los matatías, impotentes de pagar las deudas.

Compañeros: todos los que tenéis la convicción de que el acto que va a ejecutar el Partido Liberal es humanitario, procurad convencer a los que todavía adoran al Capital y veneran el llamado derecho de propiedad, de que el Partido Liberal está en lo justo, de que su obra será una obra de justicia, y de que el pueblo mexicano será verdaderamente grande cuando pueda disfrutar, sin obstáculos, de Tierra y Libertad.

(De *Regeneración*, marzo 8 de 1911.)

LIBERTAD, IGUALDAD, FRATERNIDAD

¡Qué lejos está el ideal, qué lejos! Espejismos del desierto, ilusión de la estepa, imagen de una estrella titilando en el fondo del lago. Primero era un abismo insondable el que separaba a la humanidad de la Tierra Prometida. ¿Cómo llenar ese abismo? ¿Cómo cegarlo? ¿Cómo alcanzar la risueña playa que adivinamos que existe en la orilla opuesta, El árabe sediento ve de repente agitarse a lo lejos la melena de las palmas y hacia allá fustiga su camello. Vana empresa: avanza hacia el oasis y el oasis parece que retrocede. Siempre la misma distancia entre él y la ilusión, siempre la misma.

Defendiendo el abismo están las preocupaciones, las tradiciones, el fanatismo religioso, la ley; para poder pasar es preciso vencer a sus defensores hasta llenar de sangre ese abismo y en seguida embarcarse, nuevo mar Rojo.

Y a llenar ese abismo se han dedicado los hombres generosos a través de los tiempos con sangre de los malvados ¡ay! y con su sangre también; pero el abismo no se llena; podría vaciarse en él la sangre de toda la humanidad sin que por eso se llenase el abismo: es que hay que ahogar en esa sangre las preocupaciones, las tradiciones, el fanatismo religioso y la ley de los que oprimen.

Las grandes revoluciones han tenido por objetivo esas tres palabras: Libertad, Igualdad, Fraternidad, que han figurado inscritas en cien banderas y cientos de miles de hombres las han tenido en sus labios al expirar en los campos de batalla, y, sin embargo, el abismo no se ciega, el nivel de la sangre no sube. ¿Por qué?

Ninguna revolución se ha preocupado seriamente por la Igualdad; la Igualdad es la base de la Libertad y de la Fraternidad. La igualdad ante la ley, que fue la conquista de la Revolución Francesa, es una mentira que rechaza indignada la conciencia moderna. Las revoluciones han sido incendios superficiales. Pueden arder los árboles de un bosque; pero las raíces quedarán intactas. Igualmente las revoluciones han sido superficiales, no han ido hasta la raíz de los males sociales, no han escarbado la carne enferma hasta llegar al origen de la llaga, y de eso, los llamados jefes han sido los culpables.

Los jefes han sido siempre menos radicales que el grupo de hombres a quienes pretenden dirigir y esto tiene su razón de ser: el poder vuelve conservador al hombre y no sólo eso, sino que lo encariña con el mando. Para no perder su posición los jefes moderan su radicalismo, lo compriman, lo desfiguran, evitan los choques con los intereses contrarios; y si por la naturaleza de las cosas mismas el choque es inevitable y la lucha armada es una necesidad, los jefes procuran siempre arreglárselas de tal modo que su posición no se vea en peligro, y concilian, tanto como pueden, los intereses de la revolución con los intereses de los dominadores, consiguiendo con ello disminuir la intensidad del choque, la duración de la lucha, conformándose con obtener un triunfo más o menos fácil. El ideal..., el ideal queda muy lejos después de estas luchas de enanos. Con ellas se consigue barrer la superficie y nada más.

Por eso, a pesar de la sangre derramada a través de los tiempos; a pesar del sacrificio de tantos hombres generosos; a pesar de haber lucido en cien banderas las bellas palabras Libertad, Igualdad, Fraternidad, existen aún las cadenas, la sociedad se divide en clases y la guerra de todos contra todos es lo normal, lo legal, lo honrado, lo que los "serios" llaman el "orden", lo que los tiranos llaman el "progreso" y lo que los esclavos, ciegos por la ignorancia y acobardados por siglos de opresión y de injusticia, veneran y sostienen con su sumisión.

Es necesario ahondar, es preciso profundizar. Los jefes son cobardes; los jefes no ahondan ni profundizan. El impulso revolucionario tropieza siempre con el moderantismo de los llamados directores, hábiles políticos si se quiere, pero sin nervio revolucionario. Sobre lo que es necesario poner valerosamente las manos, si se quiere hacer obra revolucionaria y no obra de políticos vulgares, de ambiciosos de puestos públicos, es sobre la propiedad territorial; pues mientras la tierra continúe siendo la propiedad de unos cuantos; mientras haya millones de seres humanos que no cuenten más que con el reducido espacio de tierra que ha de amortajar su cadáver cuando mueran; mientras los pobres continúen trabajando la tierra para sus amos, cualquiera revolución no tendrá otro desenlace que el cambio de amos, a veces más crueles que aquellos a quienes se acaba de destronar.

La Revolución es inminente. De un momento a otro anunciará el cable a todas las naciones del mundo que el pueblo mexicano está en rebelión. Los atentados de la tiranía son cada vez más brutales, cada vez más cínicos. Porfirio Díaz está loco; ya no se conforma con arrebatar la vida a los hombres; está asesinando mujeres, cuyos cadáveres deja abandonados para que se los coman los perros. La Bestia Vieja está precipitando la Revolución, y de ella se aprovecharán las ambiciones si el pueblo no toma posesión de la tierra.

Libertad, Igualdad, Fraternidad: tres bellas palabras que se hace necesario convertir en tres bellos hechos. Pongamos los revolucionarios la mano sobre ese dios que se llama "derecho de propiedad territorial", y hagamos que la tierra sea para todos.

Si se va a derramar sangre, que sea en provecho del pueblo. Derramar sangre por elevar un candidato a la Presidencia de la República es un crimen, porque el mal que aflige al pueblo mexicano no se cura con quitar a Díaz y poner, en su lugar, a otro hombre. Supongamos que el ciudadano más honrado, el más bueno de los mexicanos, triunfa por medio de las armas y ocupa el lugar en que ahora se enseñorea el más perverso y el más criminal de los mexicanos: Porfirio Díaz. Lo que hará ese hombre será poner en vigor la Constitución de 1857. El pueblo, por lo tanto, tendrá derecho a votar; tendrá derecho a manifestar con libertad sus ideas; la Prensa no tendrá mordaza; los Poderes de la Federación serán independientes unos de otros; los Estados recobrarán su soberanía; no habrá más reelección. En suma, el pueblo mexicano obtendrá lo que se llama libertad política. Pero ¿se haría con eso la felicidad del pueblo? El derecho de votar, el derecho de reunión, el derecho de escribir sobre cualquier materia, la no-reelección, la independencia de los Poderes ¿podrían dar pan, albergue y vestido al pueblo?

Una vez más hay que decirlo: la libertad política no da de comer al pueblo; es necesario conquistar la libertad económica, base de todas las libertades, y sin la cual la libertad política es una sangrienta ironía que convierte al Pueblo-Rey en un verdadero rey de burlas; porque si en teoría es libre, en la práctica es esclavo. Hay, pues, que tomar posesión de la tierra: arrancarla de las garras que la detentan y entregarla al pueblo. Entonces sí tendrán pan los pobres; entonces sí podría llegar a ser libre el pueblo; entonces, con un esfuerzo más, nos acercaremos al ideal que vemos lejos porque los directores de revoluciones no han tenido el valor de derribar ídolos, de matar preocupaciones, de hacer pedazos la ley que protege ese crimen que se llama propiedad territorial.

Es preciso, sin embargo, hablar con honradez. La toma de posesión de la tierra por el pueblo será un gran paso hacia el ideal de Libertad, Igualdad y Fraternidad. Un gran paso solamente; pero, gracias a él, tendrá el pueblo oportunidad para adquirir la educación que le hace falta para llegar a constituir, en un porvenir más o menos cercano, la sociedad justa y sabia que hoy es sólo una hermosa ilusión.

Y mientras no se avance valerosamente por el camino de la liberación económica, no se hará obra sana. La libertar no puede existir mientras sea una parte de la sociedad la que haga las leyes para que las obedezca la parte restante; pues fácil es comprender que nadie hará una ley que sea contraria a sus intereses, y como la clase que posee la riqueza es la que hace las leyes, o, al menos, la que ordena que se hagan, éstas tienen que resultar, en todo, favorables a los intereses del capital, y, por lo mismo, desfavorables para los intereses de los pobres. He aquí la razón de por qué la ley no alcanza a castigar a los ricos ni molesta a éstos para nada. Todas las cargas sociales y políticas recaen sobre el pobre. Las contribuciones tienen que ser pagadas, exclusivamente, por los pobres; los servicios gratuitos, como rondas, "fatigas" y otras, pesan, exclusivamente, sobre las espaldas del pobre; el contingente para el Ejército se recluta únicamente entre los proletarios, y en la casa pública no se degradan las hijas de la burguesía, sino las hijas de los pobres. No podía ser de otro modo: sería absurdo pensar que los ricos hacen la ley contra ellos mismos.

¿Puede, en tales condiciones, existir la igualdad? Socialmente la igualdad es una quimera bajo el régimen actual. ¿Cómo pueden ser iguales el pobre y el rico? Ni en ilustración, ni en el modo de vestir, ni en la manera de vivir se parecen la clase dominadora y la clase dominada. El trabajo del pobre es rudo y fatigoso; su vida es una serie de privaciones y de angustias, ocasionadas por la miseria; sus distracciones son escasas: el alcohol y el amor; no puede participar de los goces del rico porque cuestan mucho dinero, y, además, no tiene el vestido que se necesita para codearse con la gente elegante; el descuido en que ha vivido no ha sido lo más o propósito para adquirir maneras distinguidas; la grande ópera y el gran drama, aparte de ser diversiones muy costosas, requieren cierta preparación artística o literaria que no pueden tener los pobres, empujados, desde niños, a ganarse el pan para poder vivir. En cuanto a la igualdad ante la ley es la más grande de las majaderías que los aspirantes a gobernar ofrecen a las multitudes. Si socialmente es imposible la igualdad entre los hombres mientras haya clases sociales, no lo es menos políticamente. Los jueces se declaran a favor de los ricos y en contra de los pobres al pronunciar sus sentencias; el ejercicio del derecho electoral resulta siempre dirigido, organizado y llevado a cabo por las clases dominantes, por ser las que tienen tiempo para ello, quedando a los pobres únicamente el "derecho" de llevar las boletas a las casillas electorales con el nombre que han escogido los directores y organizadores de la elección; de donde resulta que los proletarios eligen a quien las clases dominantes quieren que elijan; el derecho de manifestar libremente las ideas no puede ser ejercitado por los pobres, que no han podido adquirir la ilustración necesaria para escribir o hablar en público, y de ese derecho también se aprovechan, casi exclusivamente, las clases dominadoras. Y si se recorre la lista de todos los derechos políticos, se llegará igualmente a la conclusión de que los pobres no pueden ejercitarlos porque sus tareas de esclavos apenas les dejan el tiempo absolutamente necesario para desentumecer sus miembros en las cortas horas de sueño; no tienen la representación social que dan la educación, la independencia económica y aun el simple traje elegante, y carecen de la ilustración necesaria para competir, con ventaja, con las lumbreras intelectuales de la burguesía.

¡Fraternidad! ¿Que fraternidad puede existir entre el lobo y el cordero? La desigualdad social hace a las clases sociales enemigas naturales unas de otras. Los poseedores no pueden abrigar sentimientos de amistad para los desheredados, en quienes ven una amenaza constante para el disfrute tranquilo de sus riquezas, mientras los pobres tampoco pueden abrigar sentimientos fraternales para aquellos que los oprimen y les merman el producto de su trabajo. De aquí nace un antagonismo constante, una querella interminable, una lucha solapada y a veces abierta y decisiva entre las dos clases sociales, lucha que da vida y fuerza a sentimientos de odio, a deseos de venganza que no son los más apropiados a la creación de lazos fraternales y de amistad sincera, imposibles en las relaciones del verdugo y de la víctima. Pero esto no es todo. Hay todavía algo más que impide a los seres humanos acercarse, abrirse el corazón y ser hermanos. La lucha por la vida, aunque sea vergonzoso confesarlo, reviste, en la especie humana, los mismos caracteres de brutalidad y de ferocidad que en las especies inferiores animales. El egoísmo impera en las relaciones entre los hombres. No educada la especie humana en la solidaridad y el apoyo mutuo, cada cual va en pos del pan a disputarlo a sus semejantes, del mismo modo que los perros hambrientos se disputan a mordidas el derecho de roer un hueso hediondo. Esta es una verdad en todas las clases sociales. El rico, envidioso de la riqueza de otro rico, le hace la guerra para aumentar sus tesoros con los despojos del de su clase. A eso se le llama, con la hipocresía de la época, la competencia. El pobre, por su parte, es enemigo de sus hermanos igualmente pobres. El pobre ve un enemigo en otro pobre que se acerca, tal vez a alquilarse por menos precio. Si hay una huelga, no faltan hambrientos dispuestos a hacer traición a sus hermanos de clase, ocupando los lugares de los huelguistas. De este modo las cosas, la fraternidad es un sueño, y en su lugar sólo hallamos el odio de una clase contra otra clase: el odio de los individuos de una misma clase entre sí; la espantosa guerra de todos contra todos, que deshonra a la raza humana y retarda el advenimiento de ese día de amor y de justicia con que sueñan los hombres generosos del mundo.

La Revolución está para estallar. Todos, luchadores y no luchadores, nos vamos a ver arrastrados por el grandioso movimiento. Nadie podrá permanecer indiferente al gran choque. Hay necesidad, pues, de escoger una bandera. Si se desea simplemente el cambio de amos, hay Partidos, fuera del Liberal, que luchan solamente por tener nuevos Presidente y Vicepresidente; pero todos aquellos que deseen hacer obra revolucionaria verdadera, obra profunda y grande que beneficie a los pobres, que vengan a nuestras filas, que se agrupen bajo la bandera igualitaria del Partido Liberal, y, unidos arrancaremos la tierra de las pocas manos que la detentan para dársela al pueblo, y nos acercaremos al ideal de Libertad, Igualdad y Fraternidad por medio del bienestar del mayor número.

(De *Regeneración*, octubre 8 de 1910.)

CARNE DE CAÑON

Es la hora de reflexionar. Por siglos y siglos la tarea de pensar, de estudiar, de reflexionar ha estado a cargo de las llamadas clases directoras de la sociedad: los intelectuales y los ricos. La masa no ha pensado, y, naturalmente, los que lo han hecho por ella se han pagado con creces ese "servicio", en perjuicio de las multitudes. Pero ha llegado el momento de reflexionar; ha llegado el momento de decidir si hemos de continuar los pobres bajo la interesada dirección de los intelectuales y los ricos, o si valerosamente tomamos por nuestra cuenta el estudio de nuestros problemas, y confiamos a nuestras propias fuerzas la defensa de nuestros intereses. Ya es tiempo de hacerlo; escojamos: o rebaño arrastrable o falange de seres conscientes; la vergüenza o la gloria.

Arrastrados por el interés de las clases directoras, las masas proletarias han venido derramando su sangre a través de los tiempos. Siempre ha habido descontento entre los pobres, descontento ocasionado por la miseria y la injusticia, por el hambre y la opresión. Por lo mismo, el proletariado ha estado siempre dispuesto a rebelarse con la esperanza de alcanzar con la victoria un cambio favorable a sus intereses; pero como los proletarios no han pensado con su cabeza, sino que han sido las clases directoras quienes han pensado por ellos, quienes han encaminado las tendencias de los movimientos insurreccionales, ellas han sido las únicas que se han aprovechado de los sacrificios de la clase trabajadora.

Ved, pues, el proletariado, cuán importante es que emprenda por su propia cuenta la conquista de su bienestar. Cada vez que las clases directoras necesitan de la fuerza del número para asegurar una victoria que las beneficie, acuden al proletariado, a la masa siempre dispuesta a rebelarse, seguras de encontrar héroes en la turba que cordialmente desprecian, pero a la que entonces adulan, halagan sus pasiones y hasta aplauden y estimulan sus vicios y sus extravíos, como se pasa la mano por el lomo de las bestias para someterlas por la dulzura cuando no es necesario emplear el fuete.

De ese modo las masas proletarias han sido lanzadas a la guerra, han sido empujadas a cometer empresas contrarias a sus intereses. Guerra de conquista, guerras comerciales, guerras coloniales, insurrecciones políticas, todo se ha hecho con la sangre de los proletarios, aplaudidos a rabiar mientras comprometen la vida como héroes, despreciados y escupidos al día siguiente de la victoria en que es necesario que alguien se encargue de sembrar el grano, de cuidar el ganado, de hacer vestidos, de fabricar casas, siendo entonces bajados a puntapiés, los héroes, del pedestal que les formó la adulación interesada de las clases directoras, para ir a reanudar su trabajo en el surco, en el taller, en la fábrica, en la mina, en el camino de hierro, llevando cada uno, como única ganancia, un *papelote* en que consta la declaración oficial de su valor, una medalla de cobre para que luzca sobre sus harapos en los grandes días, y algunas cicatrices, aparte de los malos hábitos contraídos en la promiscuidad de los cuarteles, mientras los intelectuales y los ricos se reparten las tierras del país conquistado, y de la nación cuyo Gobierno ganaron con el sacrificio de la plebe y derrochan en la orgía y en el lujo el copioso botín que los hambrientos arrebataron a los vencidos.

Y esto ha venido repitiéndose desde tiempo inmemorial; siempre burlados los de abajo, siempre gananciosos los de arriba, sin que la experiencia haya abierto los ojos al rebaño; sin que el chasco, constantemente repetido, haya hecho revolucionar a la masa, la haya hecho pensar. La muchedumbre actual es la misma muchedumbre inflamada e inocente que llevó sobre los hombros a los grandes capitanes de la antigüedad: la muchedumbre de Alejandro, la chusma de Ciro, la plebe de Cambises, el rebaño de Scipión, las multitudes de Aníbal, los bárbaros de Atila, pensaban lo mismo que las turbas napoleónicas, las chusmas conquistadoras del Transvaal, la plebe americana de Santiago y de Gavite y las legiones amarillas triunfadoras en Manchuria. La psicología de las masas contemporáneas es la misma de las masas francesas de 1789, de las masas de Hidalgo de 1810, de las masas republicanas de Portugal en estos días. Siempre lo mismo: el sacrificio de los generosos proletarios en beneficio de las clases dominadoras; el sufrimiento y el dolor de los humildes en provecho de los intelectuales y de los ricos.

Todo esto ha sido así, porque no se han hecho el propósito los proletarios de encauzar los movimientos populares hacia un fin favorable a sus intereses, sino que han obedecido las órdenes de la minoría dominadora que, como es natural, ha trabajado siempre en favor de sus intereses de clase. Así, por ejemplo, en las guerras de conquista, en las guerras comerciales y coloniales, guerras que el Gobierno de una nación lleva contra el pueblo de otra nación, para extender sus dominios territoriales o conquistar mercados exteriores que consuman los productos industriales o agrícolas de la nación dominadora, el proletariado no hace otra cosa que dar su sangre sin obtener, en cambio, ningún beneficio material. Los grandes industriales, los grandes comerciantes, los banqueros y los hombres del Gobierno son los que se benefician con esas guerras. Al proletariado no le queda más que la gloria, si es posible que puedan dar gloria los asesinatos en grande escala, cometidos contra pueblos extraños para satisfacer la absurda codicia de los reyes de la industria, de la banca y del comercio. ¿Es más feliz el proletariado inglés de hoy, después del triunfo de las armas inglesas en el Transvaal? ¿Es más feliz el pueblo norteamericano como consecuencia del triunfo del Ejército de los Estados Unidos sobre el Ejército español? ¿El japonés de hoy disfruta de más comodidades que antes del triunfo sobre Rusia? Nada de eso: ingleses, norteamericanos y japoneses continúan confrontando los mismos problemas sociales, agravados aún más por el aumento de poder que el ensanche territorial o la adquisición de nuevos mercados dieron a las clases directoras.

Y en cuanto a las revoluciones, puede observarse el mismo resultado. Hechas para obtener la libertad política solamente, las masas proletarias que la han hecho triunfar con su sangre, han sido tan esclavas después de los movimientos insurreccionales como lo eran antes de derramar su sangre. Nuestra propia Historia nos suministra ejemplos suficientes para demostrar esa gran verdad, que puede parecer blasfemia a los que no se preocupan de ahondar las cuestiones, a los conservadores de instituciones políticas caídas ya en completo desprestigio. La insurrección de 1810, que nos dio la independencia política, no tuvo el poder de dar, al pueblo hambriento de pan y de instrucción, lo que necesitaba para su engrandecimiento, y eso se debió a que el proletariado no se hizo el propósito de tomar por su cuenta su redención, encauzando el movimiento del mártir Miguel Hidalgo hacia un fin provechoso para la clase trabajadora. El movimiento de insurrección contra Santa-Anna, iniciado en Ayutla, y que tuvo como resultado la promulgación de la Constitución de 1857, tampoco tuvo el poder de dar pan e instrucción al pueblo trabajador. Le dio libertades políticas que, como es bien sabido, sólo aprovechan a los que ocupan lugar prominente en la vida política y social, pero no al proletariado que por su falta de dinero, de instrucción y aun de representación social, se encuentra subordinado en un todo a la voluntad de las clases directoras. Del movimiento de Ayutla no sacó tampoco provecho el proletariado por no haber encauzado él mismo ese movimiento al fin práctico de obtener un beneficio para su clase. La insurrección de Tuxtepec, que arrastró al pueblo en pos de la bandera "Sufragio Efectivo y No Reelección", conquistó para las masas la alternabilidad de los cargos de elección popular, y tuvo como resultado el despotismo que hoy lamentamos en el terreno político y el recrudecimiento de la miseria y del infortunio del pueblo obrero, por no haberse hecho cargo la clase trabajadora de la dirección del movimiento revolucionario de Porfirio Díaz, y por haber confiado su porvenir a las clases directoras de la sociedad.

Ahora una nueva revolución está en fermento. Los excesos de la tiranía porfirista lastiman a todos, a proletarios y a no proletarios, a hombres y a mujeres, a ancianos y a niños. Acaparado el poder político en pocas manos, el número de personas de las clases directoras que se han visto obligadas a dejar en esas pocas manos la parte del poder que tienen bajo todos los gobiernos, se ha entregado, naturalmente, a trabajar por la reconquista de su poder. Como en todos los tiempos, esas clases directoras bajan hasta el proletariado ahora que necesitan de la fuerza del número, y lo acarician, lo adulan, ponen en juego la tradicional artimaña de aplaudirle hasta aquello que merece censura; pasan, en fin, la mano por el lomo del monstruo para atraerlo por la dulzura, sin perjuicio de hacer más dura la esclavitud en las haciendas, más penoso y menos remunerativo el trabajo en las fábricas, en los talleres y en las minas al día siguiente de la victoria alcanzada con la sangre, con el sacrificio, con el heroísmo de las masas proletarias.

Proletarios: es la hora de reflexionar. El movimiento revolucionario no puede detenerse, tiene que estallar por la naturaleza misma de las causas que lo producen; pero no hay que temer ese movimiento. Es preferible desearlo y aun precipitarlo. Es mejor morir defendiendo el honor, defendiendo el porvenir de las familias, que continuar sufriendo, en medio de la paz, la afrenta de la esclavitud, la vergüenza de la miseria y de la ignorancia. Pero, compañeros, no dejéis a las clases llamadas directoras la tarea de pensar por vosotros y de arreglar la revolución de modo que resulte favorable a sus intereses. Tomad parte activa en el gran movimiento que va a estallar, y haced que tome la dirección que necesitáis para que la revolución sea esta vez provechosa a la clase trabajadora. Recorred las páginas de la Historia, y en ellas encontraréis que en las luchas armadas en que han tomado participación las clases directoras habéis representado el papel de carne de cañón, simplemente porque no quisisteis daros la pena de pensar con vuestra cabeza y de acometer, por vosotros mismos, la tarea de vuestra redención. Recordad que la emancipación de la clase trabajadora debe ser obra de los trabajadores mismos, y esa emancipación comienza por la toma de posesión de la tierra. Alistaos, pues, para la gran revolución; pero llevando el propósito de tomar la tierra, de arrancarla de las garras de esos señores feudales que hoy la tienen para ellos. Sólo haciéndolo así no seréis carne de cañón, sino héroes que sabrán hacerse respetar en medio de la revolución y después del triunfo, porque tendréis, por la sola adquisición de la tierra, el poder necesario para alcanzar, con poco esfuerzo ya, vuestra total liberación.

Tened presente una vez más que el simple cambio de mandatarios no es fuente de libertad, y que cualquier programa revolucionario que no contenga la cláusula de la toma de posesión de la tierra por el pueblo, es un programa de las clases directoras, de las que no pueden luchar contra sus propios intereses como lo demuestra la historia, de las que sólo acuden a la masa, a la plebe, a la chusma, cuando necesitan héroes que las defiendan y se sacrifiquen por ellas, héroes que pocas horas después del triunfo pueden verse con los ijares sangrando bajo la espuela de sus amos.

Proletarios: tomad el fusil y agrupaos bajo la bandera del Partido Liberal, que es la única que os invita a tomar la tierra para vosotros.

(De *Regeneración*, octubre 15 de 1910.)

LIBERTAD POLITICA

Deseamos que nuestros compañeros los desheredados se penetren bien de lo que es la libertad política y los beneficios que puede reportar a los pueblos. Nosotros tenemos la convicción de que la libertad política por sí sola es importante para hacer la felicidad de los pueblos, y es por eso por lo que trabajamos con empeño por hacer entender al pueblo que su verdadero interés es el de trabajar por la libertad económica, que es la base de todas las libertades, el cimiento sólido sobre el cual puede construirse el grandioso edificio de la emancipación humana.

La libertad política da al hombre el derecho de pensar, el derecho de emitir su pensamiento, el derecho de reunirse, el derecho de ejercer el oficio, profesión o industria que le acomode, el derecho de transitar libremente por el territorio nacional, y entre otros muchos derechos y prerrogativas tiene el derecho de votar y ser votado para los cargos públicos de elección popular. En cambio de estas libertades vienen las obligaciones, siendo las principales: el pago de contribuciones para los gastos públicos, el servicio gratuito a las autoridades cuando éstas necesitan el auxilio de los ciudadanos, la obligación de servir como soldado.

Ya hemos explicado otras veces que la inferioridad social del proletario y del pobre en general hace completamente ilusoria la libertad política, esto es, no puede gozar de ella. La ignorancia y la miseria inhabilitan al hombre para pensar y emitir sus pensamientos, y aun cuando lograse pensar y emitir sus pensamientos, serían éstos de una inferioridad intelectual tan marcada que su influencia sería nula por la imposibilidad de hacerlos preponderar sobre la brillante argumentación de los hombres instruidos. Intelectualmente, pues, el proletario está subordinado a las inteligencias de los hombres cultos que por el hecho mismo de su cultura gozan de comodidades y tienen, por lo tanto, ideales que corresponden a la vida fácil de las clases altas de la sociedad, cuyo interés en conservar esas facilidades de existencia que no se fundan en un principio de igualdad y de justicia social, sino en la desigualdad misma, en el hecho de la diferencia de facilidades de existencia entre las clases alta y baja de la sociedad. Se ve, por esto, que la libre emisión del pensamiento aprovecha casi exclusivamente a las clases altas. El derecho de reunión es igualmente ilusorio para el proletariado en virtud de su inferioridad intelectual que lo subordina, naturalmente, lógicamente, a las clases cultas que, si se trata de reuniones políticas, se sirve de la masa como fuerza numérica para decidir una contienda electoral, o para hacer variar de política a un gobierno o simplemente de tablado sobre el cual exhibirse y brillar mejor.

Ilusorio es, igualmente, el derecho de ejercer el oficio, profesión o industria que se quiera. La ignorancia y la miseria inhabilitan al hombre para entregarse libremente al ejercicio de una profesión, derecho que solamente puede ser disfrutado por las clases altas que tienen dinero para sostener los estudios de sus hijos. Igualmente se necesita poseer bienes de fortuna para establecer una industria. Al proletariado no le queda otro derecho que el de ejercer un oficio, y aun para escoger un oficio se necesita gozar de alguna independencia económica y poseer cierta instrucción, circunstancias que no concurren en la generalidad de los pobres.

Lo que se ha dicho acerca de los derechos políticos aquí enumerados, se puede decir, con ligeras variaciones, de los demás. Para gozar de los derechos políticos se necesitan la independencia económica y la instrucción, y todo hombre que se dedique sinceramente a trabajar por el bienestar del pueblo debe luchar, con todas sus fuerzas, por un cambio de las condiciones políticas y sociales existentes, en otras que garanticen la independencia económica, base de la educación y de la libertad, o que garanticen, al menos, una independencia relativa, gracias a la cual pueda el proletariado unirse, educarse y emanciparse al fin.

El derecho del voto es también ilusorio por la misma razón que hace ilusorios los demás derechos cuyo conjunto es lo que se llama la libertad política. La ignorancia y la miseria ponen a los pobres en una situación de inferioridad que los subordina, natural y lógicamente, a la actividad política de las clases altas de la sociedad. Por razones de educación, de instrucción y de posición social, las clases altas asumen el papel de directoras en las contiendas electorales. Los individuos de las clases altas, en virtud de su independencia económica, disponen de más tiempo que los proletarios para dedicarse a otras cosas distintas de las ocupaciones ordinarias de la vida, y, todavía más, muchos de los individuos de las clases directoras hacen de la política la ocupación única de su vida. Todo esto contribuye a que el proletariado que, en virtud de verse forzado a trabajar día con día para poder vivir, no puede tomar a su cargo la dirección de las campañas políticas, tenga que subordinarse a los trabajos de las clases directoras, conformándose los trabajadores con hacer el papel de votantes en las farsas electorales. La discusión de los candidatos, la confección de los programas de gobierno, el plan de la campaña electoral, la propaganda y todo lo que requiere actividad y discernimiento, quedan absolutamente a cargo de los directores del movimiento electoral, pues aun en el caso de que se formaran clubes especiales de trabajadores para los trabajos electorales, lo que en ellos se hiciera no sería sino el reflejo de lo que se hace en los clubes electorales de las clases directoras, de los cuales son mero espejo. De todo lo cual resulta que los pobres no tienen otro derecho que el de firmar la boleta electoral y llevarla a las casillas; pero sin conocer, a punto fijo, las cualidades de las personas que tienen que elegir, a quienes sólo conocen por lo que de ellas dicen los propagandistas de las clases directoras.

El derecho de votar se reduce, en tales condiciones, a la tarea de firmar una boleta y llevarla a la casilla, y con ello los trabajadores —y los pobres en general— nada ganan, como no sea el cambiar de amo, amo que no va a trabajar en beneficio de los intereses de los pobres, sino en beneficio de las clases altas de la sociedad, pues éstas fueron las que en verdad hicieron la elección.

He aquí cómo la libertad política, por sí sola, no tiene

el poder de hacer feliz a ningún pueblo. Lo que urgentemente necesitan no sólo México, sino todos los pueblos cultos de la Tierra, es la libertad económica que es un bien que no se conquista con campañas electorales, sino con la toma de posesión de bienes materiales, tales como la tierra y la dignificación y ennoblecimiento de la clase trabajadora por medio de mejores salarios y menor número de horas de trabajo, cosas que, como lo hemos repetido mucho, darán al proletariado la oportunidad de unirse, de estudiar sus problemas, de educarse y de emanciparse finalmente.

Por lo expuesto se ve que, en realidad, el pueblo no ejercita, no puede ejercitar los derechos políticos; pero eso no lo descarga de las obligaciones que le impone la ley. No tiene derecho a otra cosa que a morirse de hambre; pero está obligado a pagar las contribuciones para que vivan con holgura precisamente los que lo dominan. El brillante Ejército, los polizontes de todas clases, los funcionarios políticos, judiciales, municipales y administrativos, desde los más altos hasta los más humildes, los miembros de las Cámaras legislativas federales y de los Estados y una caterva de empleados altos y bajos, tienen que ser pagados con las contribuciones de todas clases, aduanales, del Timbre, directas y municipales que pesan exclusivamente sobre los hombros del pobre, porque si bien es cierto que son los ricos los que las pagan por los negocios que tienen entre manos, sacan lo que han pagado al Gobierno encareciendo las rentas de las casas, de las tierras, de los comestibles, de las mercancías en general, siendo, por lo tanto, los pobres, los únicos que tienen que pagar los gastos del Gobierno, entre los que hay que agregar las subvenciones a la Prensa gobiernista, las gratificaciones que acostumbra dar a los más viles y más bajos de los aduladores, y las cantidades que los hombres que gobiernan sacan de las cajas de las oficinas públicas para aumentar sus riquezas.

Pero no es esta la única obligación de los pobres. Entre otras está el servicio gratuito que deben prestar, ya por medio de las rondas para cuidar los intereses de los ricos, ya componiendo las carreteras para que se deslicen mejor los automóviles de los ricos también, y por ese tenor todos los demás servicios, hechos gratuitamente por los de abajo en beneficio de los de arriba, y, como digno remate de la burla con que se paga la candidez de los pueblos, el proletariado debe dar sus mejores hijos al cuartel y sus más bellas hijas al lupanar, para que sus hijos los asesinen cuando se declare en huelga, o reclame sus derechos y sus hijas sean manchadas por los señoritos, y los viejos también, de la santa burguesía.

Obligaciones, cargas, afrentas, miseria, prostitución, crimen, ignorancia, desunión, ese es el sombrío cortejo de males que sobre el pueblo arroja la libertad política cuando se la considera como la panacea que ha de curar todas las dolencias de la humanidad. La libertad, así, es un edificio sin base sólida e incapaz de tenerse en pie. Lo que el pueblo necesita para gozar de libertades es su emancipación económica, base inconmovible de la verdadera libertad.

(De *Regeneración*, noviembre 12 de 1910.)

LA SOCIEDAD DEL FUTURO

No, compañeros, no hay que dejar, para cuando caiga el tirano, la implantación de los salvadores principios del Partido Liberal. Algunos revolucionarios creen que basta con derribar a Díaz para que caiga sobre el pueblo una lluvia de bendiciones. Otros piensan que es indiferente luchar bajo la bandera de cualquiera de los dos partidos revolucionarios; pues dicen que lo primero es derribar al tirano, y que, una vez conseguido esto y hecha la paz, los dos partidos revolucionarios —el Liberal y el Antirreeleccionista— convocarían al pueblo a elecciones, se reuniría un Congreso que estudiase el programa del Partido Liberal y se tendría ya listo un flamante Presidente que ejecutase la voluntad del no menos flamante Congreso.

El pueblo es el eterno niño: crédulo, inocente, candoroso. Por eso siempre ha sido burlado en sus aspiraciones, y por eso, también, sus dolorosos sacrificios han sido estériles.

Abramos bien los ojos, compañeros desheredados. No confiemos a ningún Gobierno la solución de nuestros problemas. Los Gobiernos son los representantes del Capital, y, por lo mismo, tienen que oprimir al proletariado. De una vez por todas, sabedlo: ningún Congreso aprobará el programa del Partido Liberal, porque no seréis, vosotros los desheredados, los que vayáis a sentaros en los bancos del Congreso, sino vuestros amos, y vuestros amos tendrán el cuidado de no dejaros resollar. Vuestros amos rechazarán indignados el programa liberal de primero de julio de 1906, porque en él se habla de quitarles sus tierras, y las aspiraciones de los proletarios quedarán burladas. A los bancos del Congreso no van los proletarios, sino los burgueses.

Pero aun suponiendo que por un verdadero milagro todos los bancos del Congreso estuvieran ocupados por proletarios, y que, por esa razón, se aprobase el programa del Partido Liberal mexicano, y se decretase la expropiación de la tierra para entregarla al pueblo; aun suponiendo que al frente de los destinos del país se encontrase un ángel bajado del cielo para hacer cumplir la voluntad del Congreso, ¿creéis que los señores hacendados obedecerían la ley y se dejarían quitar las tierras? Suponer eso, creer que los ricos se someterían a la humillación de quedar en la misma posición social que los trabajadores, es una verdadera niñería. No; los señores hacendados se levantarían en armas si algún Congreso tuviera la audacia de decretar la entrega de la tierra al pueblo, y entonces el país se vería envuelto de nuevo en las llamas de una revolución, en la que tal vez naufragasen las sanas aspiraciones de los trabajadores inteligentes.

¿Qué necesidad hay de aplazar la expropiación de la tierra para cuando se establezca un nuevo Gobierno? En la presente insurrección, cuando el movimiento esté en toda su fuerza y el Partido Liberal haya logrado la preponderancia necesaria, esto es, cuando la fuerza del Partido pueda garantizar el éxito de la expropiación, es cuando debe hacerse efectiva la toma de posesión de la tierra por el pueblo, y entonces ya no podrán ser burladas las aspiraciones de los desheredados.

Compañeros: Benito Juárez fue instado, durante la revolución de Reforma, a que no quitase al clero sus bienes sino hasta que se hiciera la paz. Pero Benito Juárez vio bastante lejos, y comprendió que si se expropiaban al clero sus bienes cuando se hiciera la paz, el clero volvería a trastornarla y el país se vería envuelto en una nueva revuelta. Quiso ahorrar sangre y dijo: "Es mejor hacer en una revolución lo que tendría que hacerse en dos." Y así se hizo.

Hagámoslo así los liberales. En una sola insurrección

dejemos como un hecho consumado la toma de posesión de la tierra.

No hagamos aprecio a los que aconsejan que se deje la expropiación de la tierra "para después del triunfo". Precisamente el triunfo debe consistir en la consumación del acto más grandes que han visto las naciones desde que comenzaron a vivir: la toma de posesión de la tierra por todos los habitantes de ella, hombres y mujeres.

Pero si, ofuscada nuestra razón por las promesas de los políticos que todo lo aplazan "para después del triunfo", nos afiliamos a las banderas de esas sirenas que nos hablan de leyes libérrimas, de democracia, de derecho político, de boletas electorales y de todas esas fuerzas que sólo sirven para desviar al proletariado del camino de su verdadera emancipación: la libertad económica; si de nada nos sirven las elocuentes lecciones de la Historia, que nos habla de que ningún hombre puede hacer la felicidad del pueblo pobre cuando está ya al frente del Gobierno; si queremos seguir siendo esclavos de los ricos y de las autoridades "después del triunfo", no vacilemos, volemos a engrosar las filas de los que pelean por tener un nuevo amo que se haga pagar bien sus "servicios".

Compañeros: despertad, despertad, hermanos desheredados. Vayamos a la Revolución, enfrentémonos al despotismo; pero tengamos presente la idea de que hay que tomar la tierra en el presente movimiento, y que el triunfo de este movimiento debe ser la emancipación económica del proletariado, no por decreto de ningún gobernante, sino por la fuerza del hecho; no por la aprobación de ningún Congreso, sino por la acción directa del proletariado.

Me imagino qué feliz será el pueblo mexicano cuando sea dueño de la tierra, trabajándola todos en común como hermanos y repartiéndose los productos fraternalmente, según las necesidades de cada cual. No cometáis, compañeros, la locura de cultivar cada quien un pedazo. Os mataréis en el trabajo, exactamente como os matáis hoy. Uníos y trabajad la tierra en común; pues, todos unidos, la haréis producir tanto que estaréis en aptitud de alimentar al mundo entero. El país es bastante grande y pueden producir sus ricas tierras todo lo que necesiten los demás pueblos de la Tierra. Más eso, como digo, sólo se consigue uniendo los esfuerzos y trabajando como hermanos. Cada quien, naturalmente —si así lo desea— puede reservarse un pedazo para utilizarlo en la producción según sus gustos e inclinaciones, hacer en él su casa, tener un jardín; pero el resto debe ser unido a todo lo demás, si se quiere trabajar menos y producir más. Trabajada en común la tierra, puede dar más de lo suficiente con unas dos o tres horas de trabajo al día, mientras que cultivando uno solo un pedazo, tiene que trabajar todo el día para poder vivir. Por eso me parece mejor que la tierra se trabaje en común, y esta idea creo que será bien acogida por todos los mexicanos.

¿Podrá haber criminales entonces? ¿Tendrán las mujeres que seguir vendiendo sus cuerpos para comer? Los trabajadores llegados a viejos, ¿tendrán que pedir limosna? Nada de eso: el crimen es el producto de la actual sociedad basada en el infortunio de los de abajo en provecho de los de arriba. Creo firmemente que el bienestar y la libertad son fuentes de bondad. Tranquilo el ser humano; sin las inquietudes en que actualmente vive por la inseguridad del porvenir; convertido el trabajo en un simple ejercicio higiénico, pues trabajando todos la tierra bastarán dos o tres horas diarias para producirlo todo en abundancia con el auxilio de la gran maquinaria de que entonces se podrá disponer libremente; desvanecida la codicia, la falsedad de que hay que hacer uso ahora para poder sobrevivir en este medio maldito, no tendrán razón de ser el crimen, ni la prostitución ni la codicia, y todos como hermanos gozaremos la verdadera Libertad, Igualdad y Fraternidad que los burgueses quieren conquistar por medio de la boleta electoral.

Compañeros, ¡a conquistar la tierra!

(De *Regeneración*, enero 28 de 1911.)

FRANCISCO I. MADERO ES UN TRAIDOR A LA CAUSA DE LA LIBERTAD

¿Qué quiere Madero?

Quiere lo que ha querido siempre: ser presidente de la República, esto es, estar en condiciones de poder aumentar más todavía su enorme capital, pues ese individuo es millonario. Para conseguir su propósito, Madero ha recurrido a toda clase de malas artes: el engaño, la adulación a las masas, la intriga, la hipocresía y, por fin, el crimen, porque crimen es tomar la parte del tirano para desarmar y aprisionar a los defensores de la libertad.

Madero es un miserable delator de los revolucionarios que luchan por los principios: la prueba está en la aprehensión de Gabino Cano, por la denuncia que hizo Madero a las autoridades federales de Estados Unidos para que cayese ese luchador tan sólo porque es liberal.

Aprovechándose Madero de la circunstancia de estar presos en Estados Unidos algunos de los miembros de la Junta Organizadora del Partido Liberal, y de andar los demás perseguidos de cerca por la policía de México y de este país, mandó agentes a todos los estados de la República con instrucciones de conferenciar con los miembros del Partido Liberal, a quienes se hizo creer que la Junta estaba de acuerdo con la campaña política antirreeleccionista. La Junta no pudo protestar contra el vil engaño, porque el dictador Porfirio Díaz había recomendado a su aliado Taft que se nos tuviera incomunicados, como lo estuvimos en efecto los tres años que duramos en la prisión de este país.

El engaño, pues, creció, creció mucho, y como no podíamos desbaratarlo con nuestra negación desde el fondo de nuestros calabozos, adquirió los caracteres de una cosa cierta. Lo curioso era que, mientras los agentes secretos de Madero decían por todas partes que el Partido Liberal estaba de acuerdo con sus trabajillos políticos, la prensa pagada por éste no decía una sola palabra acerca de la penosa situación en que nos encontrábamos, aplastados por la fuerza combinada de los dos gobiernos: el norteamericano y el mexicano. En los últimos cuatro años que duró la persecución contra nosotros en este país, el público mexicano no supo nada de lo que aquí acontecía, pues Madero había ordenado a sus periódicos que callasen, que no hablasen nada sobre las infamias de que estábamos siendo víctimas en un país extraño por defender la libertad del pueblo mexicano.

La agitación liberal

Y sin embargo, si algún éxito tuvo Madero en su agitación política se debió a dos cosas:

1a. A la vigorosa propaganda que el Partido Liberal había iniciado desde el año de 1900, cuando ni siquiera se sabía que existía Francisco I. Madero, y cuando se trabajaba en condiciones verdaderamente difíciles. Los liberales comenzamos nuestros trabajos cuando todo el pueblo estaba profundamente dormido y no se oía otra cosa que los cánticos entonados al Héroe de la Paz. La tarea fue dura, sufrimos prisiones y castigos inquisitoriales, muchos de los nuestros murieron en sus calabozos o en las camas de los hospitales y a otros se les aplicó la ley fuga. A pesar de todo, la obra de propaganda continuó con creciente energía, hasta que, a la vuelta de los años, el pueblo comenzó a despertar; pero no despertó porque la desabrida voz de Madero le hubiera conmovido, pues a Madero no se le conocía, a no ser en sus haciendas, donde esquilmaba a sus desventurados peones. El pueblo despertó ante la energía de los liberales que le mostraban la verdadera situación de México. Búsquense las colecciones de periódicos liberales de 1900 a 1908, y se verá que Madero era un desconocido para la nación, pues solamente se oía hablar de él en la región lagunera del estado de Coahuila.

2a. El éxito de Madero se debió, igualmente, al miedo que sentía el gobierno por la revolución, con lo que lo tenía amagado el Partido Liberal. Porfirio Díaz se vio precisado a dar facilidades y garantías a Madero para su campaña electoral en vista de que el pueblo había despertado, sacudido por la propaganda liberal y la acción de las armas de nuestro partido desde el año de 1906. Por otra parte, gracias a la agitación que iniciamos en todo el mundo para demostrar que Díaz era un tirano, la opinión que de él se tenía en el extranjero fue cambiando. Al principio se le consideraba en todas partes como estadista modelo que hacía la felicidad del pueblo: pero nuestra constancia hizo que esta opinión se volviera en su contra. Díaz teme la opinión extranjera, y tuvo que dejar libre a Madero para que hiciera la farsa de elección.

Terreno abonado

Madero encontró todo listo para encumbrarse. Los sacrificios de todos los luchadores iban a servirle a él con el simple gasto de unos cuantos miles de pesos, que previamente había robado a sus desventurados peones, teniéndoles como lo hacen todos los hacendados, a ración de hambre. Esa es la acción que los papanatas aplauden: el que Madero haya gastado dinero para armar gente. Ese dinero no era de Madero, sino de los trabajadores a quienes explotaba, y por otra parte, ese dinero tendrá que sacarlo de los bolsillos de los pobres si por desgracia llega a ocupar la presidencia de la República.

Libres al fin

Cuando, gracias a la agitación del elemento radical de esta nación, se vio forzado Taft a dejarnos en libertad hace apenas un poco más de seis meses, nos dimos cuenta de las engañifas de que se estaba valiendo Madero para hacer que los liberales se adhirieran a él, e interpelamos a Madero por medio de una comunicación oficial dirigida al mismo a San Luis Potosí, sobre su actitud respecto del Partido Liberal. Madero contestó que no admitía nuestro programa. A nuestro poder llegaban consultas y más consultas sobre si los principios del maderismo eran los mismos que los del Partido Liberal y si estábamos o no de acuerdo con Madero para trabajar en contra del despotismo. Eso provenía de que los agentes de Madero continuaban, como continúan actualmente haciéndolo, su obra de embaucamiento, diciendo a los liberales que la Juntta estaba de acuerdo con él. Tal engaño dio por resultado que muchos liberales tomaran las armas a favor de Madero, pues no teniendo noticias de nosotros porque *Regeneración* no puede entrar en México, creían de buena fe lo que los agentes del "presidente provisional" les decían.

El engaño continúa

Madero continúa embaucando a los liberales. En *El Dictamen Público* de Veracruz aparece con grandes encabezados que Francisco I. Madero y Ricardo Flores Magón han lanzado un manifiesto a la nación mexicana declarando que se han unido los dos partidos, y que Madero firma como "presidente provisional" y yo como "vicepresidente", igualmente provisional. No sé si habrá circulado o no ese menguado manifiesto; pero lo que sí es cierto, es que la noticia ha volado en los periódicos de México por orden de Madero para que el público continúe engañado y le preste al ambicioso político el apoyo que necesita para llegar a la presidencia.

También ha hecho circular la noticia de que José María Maytorena, un adinerado de Sonora, es el "gobernador provisional" de ese estado, cuando por maderistas he sabido que Maytorena ha despachado a Madero con cajas destempladas.

Madero está espantado

Madero comprende cuáles son los fines del Partido Liberal, y por eso trata de aplastar el movimiento liberal con tanta rabia como lo hace Díaz. El plan de Madero es destruir el movimiento liberal para quedar dueño del campo, derribar a Díaz y sentarse en el poder para continuar la obra de Díaz, pues el "sufragio efectivo" es una de las más groseras mentiras con que se adormece al pueblo. Con el hecho de firmar boletas electorales no come el pueblo. Se necesita la conquista de la tierra; mas como Madero es dueño de grandes propiedades territoriales, se ve con disgusto la actitud revolucionaria del Partido Liberal. Madero quiere seguir teniendo peones, quiere seguir viviendo a expensas del sudor y del sufrimiento de los humildes. Cuando interpelamos a Madero sobre su actitud acerca del Partido Liberal en septiembre del año pasado, él nos contestó que no podía aceptar el programa porque se retirarían de su partido muchos "elementos valiosos", los ricos. Tuvo la hipocresía de no decir que él era uno de los que se perjudicarían con la implantación del programa en materia de tierras.

Madero es mocho

Tal vez no todos están al corriente de que Madero le ha ofrecido al clero no respetar las Leyes de Reforma y dejarlos mangonear como les convenga. El clero de Puebla dedicó misas para que la divinidad pusiera en libertad al candidato cuando estaba preso en San Luis Potosí. El clero era otro de los valiosos elementos que se retirarían de las filas de Madero si adoptase el programa del Partido Liberal.

Fin

Como habéis visto, compañeros, Francisco I. Madero, el fingido amigo del pueblo, lucha contra los intereses del pueblo, pues se une al despotismo para aplastar las columnas liberales.

Este asunto es serio, bastante serio. Madero se ha descubierto: mientras sus agentes dicen a los liberales que las dos causas son iguales, que el Partido Liberal lucha unido al maderismo, el "presidente provisional" aplasta las columnas liberales simplemente porque los liberales luchamos por el beneficio de las clases trabajadoras y en contra de los burgueses.

Los liberales estamos luchando en condiciones verdaderamente excepcionales. No contamos en nuestras filas con millonarios, ni contamos con el apoyo de los banqueros norteamericanos, como sucede con Madero. Cada arma que consigue un liberal representa muchos días de privaciones: representa el sacrificio de una familia y el sacrificio de un hombre que tiene que transportarse, como puede, al lugar de la lucha. Los proletarios contribuyen con sus modestos recursos, privándose de muchas cosas útiles, por fomentar el movimiento liberal. Todos los humildes tienen puesta su esperanza en cada fusil de un luchador liberal. De la bravura del luchador y la eficacia del fusil depende la libertad de toda una raza; pero los elementos conseguidos a costa de tantos sacrificios, los fusiles y los cartuchos comprados con las monedas que se han sustraído al gasto diario de los hogares pobres, son arrebatados por el millonario ambicioso que no quiere que el pueblo se liberte de la cadena del capital ni del yugo autoritario.

Mexicanos: abrid bien los ojos. ¿Por qué no quiere Madero que luche el Partido Liberal? Porque el Partido Liberal lucha por los pobres, cuyos intereses son opuestos a los de los ricos. El interés del rico es tener al pobre sujeto al salario. El interés del pobre es librarse del salario y vivir sin depender de un amo. El rico necesita que haya pobres, pues de lo contrario el rico mismo tendría que trabajar, y por eso Madero no quiere que triunfe el Partido Liberal, porque se acabarían los pobres, esto es, los esclavos de los ricos.

A pesar de Madero, nuevas columnas liberales siguen entrando en acción y cada vez es más poderoso el movimiento netamente liberal.

Ayudad todos para que el movimiento liberal llegue a predominar. La salvación no está solamente en la caída de Díaz, sino en la transformación del sistema político y social que actualmente impera, y esa transformación no se opera por el mero derrocamiento de un tirano para que suba otro, sino por la negación del pretendido derecho del capital a apropiarse de una parte de lo que producen los trabajadores.

Mexicanos: vuestro "presidente provisional", como él mismo se llama, ha comenzado a dar golpes a la libertad. ¿Qué sucederá cuando el "provisional" llegue a ser efectivo? Recordad que en estos momentos en el campamento de Francisco I. Madero se encuentra prisionero un noble anciano que no ha cometido otro crimen que luchar por vuestro bienestar.

(De *Regeneración*, febrero 25 de 1911.)

DIFERENCIAS CON MADERO

Todavía hay personas que nos urgen a que hagamos los liberales causa común con Francisco I. Madero. Creemos que algunas de esas personas obran de buena fe, y, por eso, escribimos este artículo.

Todos los pueblos de la Tierra están divididos en dos clases forzosamente antagónicas: la clase rica y la clase pobre, la clase que tiene bienes de fortuna y la clase que no cuenta más que con sus brazos y su cerebro para proporcionarse la vida. Hay, pues, verdadera desigualdad social en todos los pueblos de la Tierra, y esta desigualdad es provechosa solamente a la clase rica, que es la que de hecho gobierna a los pueblos.

A la clase rica le conviene que haya pobres, porque el trabajo de éstos asegura a esa clase una existencia descansada, libre de sobresaltos y humanamente dichosa. Si no hubiera pobres, o, mejor, si los pobres no tuvieran necesidad de alquilar sus brazos, sino que pudieran trabajar para ellos mismos, los ricos se verían forzados a trabajar, a empuñar igualmente la herramienta, a regar con sudor los campos, a encallecerse las manos en los talleres. El interés, pues, de la clase rica, es que haya pobres, esto es, esclavos que trabajen por un determinado salario, para que ella pueda seguir viviendo en la holganza.

El interés de la clase pobre es completamente distinto del interés de la clase rica. La clase pobre quiere independizarse de la clase rica, quiere trabajar para sí misma, quiere gozar del producto íntegro de su trabajo. La clase pobre entiende ya que si la maquinaria y la tierra no estuvieran en poder de la clase rica, sino en poder de todos los que quisieran trabajar, los beneficios del trabajo quedarían exclusivamente a favor de los trabajadores, y no habría ya miseria, no habría ya crimen, moriría la prostitución.

El interés de la clase rica es que continúe la humanidad dividida en dos clases; el interés de la clase pobre es que termine esa división de clases y no quede más que una: la de los trabajadores, y esto solamente se conseguirá cuando los pobres tomen posesión, por medio de la fuerza, de la tierra y de la maquinaria que tienen en su poder los ricos.

Hay, pues, dos clases sociales: la de los ricos y la de los pobres, cuyos intereses son completamente antagónicos. El pueblo mexicano, como cualquier otro pueblo de la Tierra, está divido en dos clases sociales: la de los ricos y la de los pobres. Cada clase tiene interés en hacer triunfar sus principios, pues de ello depende el bienestar de los individuos que la componen. Los ricos tienen interés en que triunfe el principio de la propiedad individual; los pobres tienen interés en que triunfe el principio de la propiedad colectiva o de todos.

No se puede imaginar siquiera la fusión de estos dos intereses, no pueden darse la mano; una alianza entre ellos sería igual a una alianza entre el lobo y el cordero. El triunfo de uno de esos intereses significa la derrota del otro.

Ahora bien: el partido maderista representa los intereses de la clase rica, porque no quiere otra cosa que la caída del tirano Díaz, poner en vigor la Constitución política de 1857; en una palabra, dar al pueblo la libertad política. El pueblo tendría entonces la libertad de votar, de reunirse, de manifestar sus pensamientos; pero la miseria quedaría en pie, porque ¿qué ley puede abolir la miseria?

La libertad política, como lo hemos probado con anterioridad, no aprovecha a la clase trabajadora, porque la dirección de los trabajos políticos no está en las manos de esa clase, sino en las manos de la clase rica o de los políticos profesionales, cuyo interés es idéntico al de la clase rica. Los políticos se acuerdan del pueblo solamente en tiempos de elecciones. Entonces, para conquistar los votos de la clase trabajadora hacen a ésta ofrecimientos que no han de realizarse; pero que dan el resultado apetecido: una curul en la Cámara de Diputados, un puesto en algún Ayuntamiento, el puesto de juez o de magistrado, o bien la gobernación de algún Estado, o el mismo sillón presidencial.

Las masas obreras votan por el que les presenta el programa más halagüeño, que siempre se reduce a reformas, pero sin tocar el fondo de la cuestión, que es la abolición del derecho de propiedad individual, derecho que, mientras se le deje en pie, constituirá el fundamento sólido del pesado edificio de la tiranía política.

Se engañan los que creen que Díaz es el verdadero tirano que ha hecho la desgracia de los mexicanos. Porfirio Díaz es el representante de la clase rica, como lo es todo gobernante; pero se me dirá: si Díaz es el representante de la clase rica, ¿por qué Madero, que es rico, está contra Díaz? Es fácil de contestar a esa pregunta.

Bien sabido es que un determinado número de individuos lograron acaparar en México todos los mejores negocios. Esos individuos son designados con el nombre de los "científicos". Por ese hecho se verificó en el seno de la burguesía misma una división. Los burgueses, a quienes no tocaron ningunos negocios o les tocaron los más malos, se rebelaron contra los burgueses que habían atrapado los mejores, que son los llamados "científicos".

Mientras los "científicos" no habían hecho el monopolio de los grandes negocios, Madero y todos los burgueses que están con él en el actual movimiento revolucionario no habían pensado siquiera en hacer una oposición pacífica a Porfirio Díaz, que es el instrumento de los "científicos" Madero explotaba tranquilamente a los desdichados peones de sus haciendas; Vázquez Gómez vivía a sus anchas explotando su profesión de médico y obteniendo sueldos del dictador; Sánchez Azcona disfrutaba de sueldo como diputado; Carranza explotaba a la clase trabajadora de Cuatro Ciénegas y hasta era senador, y por el estilo los burgueses maderistas pasaban vida tranquila explotando a la clase trabajadora, ora como dueños de fábricas, minas o haciendas, ora como comerciantes o como simples sanguijuelas del Erario de la Nación y de los Estados; pero como los "científicos" no solamente acaparon los mejores negocios, sino que gracias a la influencia que ejercían sobre el dictador, acapararon para sus favoritos los mejores puestos en la Administración pública de la Federación y de los Estados, la burguesía y los políticos que no podían medrar a sus anchas rechazaron los huesos que se les tiraban e hicieron la oposición primeramente a los "científicos" y, sin tocar para nada al dictador, a quien, por el contrario, colmaban de adulaciones, muchas de ellas las más bajas. Le rogaban al dictador Díaz que se desembarazase de esa gavilla de ladrones de frac —así llamaban a los "científicos" en sus periódicos— que lo tenían dominado. Desconocían los prohombres del ahora maderismo, que fue en un tiempo reyismo, una verdad que sólo conocemos los libertarios: que los gobernantes no son otra cosa que el juguete de los capitalistas. Madero mismo, en su mamarracho conocido con el nombre de *La Sucesión Presidencial*, adulaba rastreramente al viejo mentecato, contra el cual está ahora en abierta rebelión.

Díaz, naturalmente, no les hizo aprecio, y los "científicos" continuaron dominando los negocios y la política. Entonces, despechados los burgueses que no lograban las mejores tajadas en el desbarajuste dictatorial, la emprendieron también contra Díaz. Recuérdese que todavía en 1906, cuando el compañero Prisciliano G. Silva fue a ver a Madero en su casa de San Pedro de las Colonias para que le facilitase armas con que tomar a Torreón, Madero se espantó y habló acerca de Díaz en términos encomiásticos, diciendo además, que le repugnaban los derramamientos de sangre. Es que todavía entonces abrigaba la esperanza de que Díaz diera un puntapié a los "científicos".

Esto demuestra que los maderistas no se están sacrificando por el bienestar del pueblo, sino por el bienestar de su clase: la rica. Mientras tuvieron negocios e influencia sobre el dictador, eran sus perros más fieles. Los "científicos" les arrebataron de los hocicos las lonjas más ricas, y no tuvieron otro recurso que la rebelión. Es la historia de todas las revoluciones netamente políticas: una parte de la burguesía que se vuelve contra la otra parte más privilegiada.

Y la burguesía, en todos los tiempos, se ha aprovechado del descontento que siempre existe entre la clase pobre, para arrastrarla a los campos de batalla. La burguesía se cuida bien de decirle a la clase pobre: tú sufres. No lo dice sino cuando tiene necesidad de la sangre y del sacrificio de los humildes. Pero si dice a los humildes que sufren, no presenta, en cambio, una fórmula clara de redención. La burguesía habla en general de libertad, de tiranía, de injusticia, de felicidad; pero no dice a las pobres masas populares que su sufrimiento proviene de la desigualdad social, esto es, del hecho de que haya ricos que tienen todo lo necesario para la vida y aun lo que no es necesario, en abundancia, mientras los pobres carecen de lo más indispensable para satisfacer las necesidades más imperiosas. Eso sí no lo dice la burguesía, sencillamente porque lucha por el beneficio de su clase y no por el beneficio de la clase trabajadora.

La clase pobre no debe seguir a Madero. La clase pobre debe unirse bajo la bandera roja del Partido Liberal mexicano. Si los trabajadores se unen a Madero, no hacen otra cosa que sacrificarse por el interés de la clase rica. El Partido Liberal mexicano es el único que lucha por el interés de la clase pobre, porque es el único que está resuelto a arrebatar la tierra y los instrumentos de trabajo de las manos de los ricos para dárselos a los pobres.

Muchos dicen: "Tiremos a Díaz, que ya después, bajo un Gobierno bueno, iremos conquistando mejoras para la clase trabajadora." Esos individuos o son unos ignorantes de marca mayor, que no conocen lo ilusorio de las mejoras, o unos charlatanes a quienes hay que dar la espalda.

Para alcanzar una mejora, por ejemplo, el saneamiento de las fábricas, talleres, minas y otros lugares de trabajo, se necesitan largas campañas por medio de la prensa, en el Congreso, en el club, y, al ponerse en vigor las mejoras, los burgueses se dan maña para sobornar a los inspectores que envíe el Gobierno para darse cuenta del estado de esos lugares de trabajo, y resulta que todos están en el más perfecto orden; pero suponiendo que los inspectores fuesen honrados, cosa difícil de realizarse entre los funcionarios públicos, y que los burgueses tuvieran por fuerza que sanear sus antros de explotación, entonces se vengarían de sus obreros rebajándoles los salarios para no perder lo que hubieran gastado en cumplimiento de la ley.

¿Se consigue un decreto sobre alza de salarios y disminución de las horas de trabajo? Entonces los burgueses se desquitan subiendo el precio a las mercancías. ¿Se decreta la rebaja de los precios de las mercancías? Entonces lo adulteran todo para sacar ventaja. Y así, contra cada decreto paternal, se opondrían la astucia y la voracidad de la burguesía.

Las leyes económicas no pueden ser destruidas con decretos gubernamentales. Mientras se reconozca el derecho de propiedad individual, el proletariado será esclavo de las clases ricas e intelectuales.

Hay, pues, que ir directamente al objeto: tomar la tierra y los instrumentos de trabajo para que sean de todos. Y hay que comprender, además, que ningún Gobierno podrá verificar ese milagro, porque los Gobiernos son los representantes de la burguesía. Tenemos, los desheredados, que tomar posesión de lo que nos pertenece por medio de la fuerza.

(De *Regeneración*, abril 15 de 1911.)

*EL REBAÑO INCONSCIENTE SE AGITA
BAJO EL LATIGO DE LA VERDAD*

La confusión

Los politicastros, ya sean de levita o de huarache, ya vistan ropa limpia o andrajos mugrosos, tratan de confundir al pueblo de diversas maneras. Dicen al pueblo que nuestra actitud respecto del ambicioso Madero debilita el movimiento revolucionario. Desde luego puedo decir que sucede todo lo contrario. La revolución, el movimiento armado que puede llevar ese nombre porque tiene una amplia finalidad social, no se debilita porque se descubran las infamias de Madero. Ninguna buena causa puede sufrir perjuicios por la verdad y sí los puede sufrir por la mentira. La mentira no edifica sobre terreno sólido; la mentira puede deslumbrar por un momento como el polvillo de oro de las mariposas; pero tarde o temprano se descubre el engaño, tarde o temprano cae el colorete que hermosea y deja a descubierto la marchitez y la fealdad.

La revolución no puede sufrir debilitamiento por la verdad, sino por la mentira. Ocultar los crímenes de Francisco I. Madero; ocultar los engaños de que se vale para engrosar sus filas con los miembros del Partido Liberal a quienes no hemos podido comunicar la independencia de nuestros trabajos con respecto a los trabajos del llamado "presidente provisional"; ocultar que para robustecer su movimiento ha pretendido unir mi nombre al suyo porque sabe que cuento con numerosas, antiguas y leales simpatías en toda la República Mexicana y, al aparecer mi nombre al lado del suyo, mis viejos amigos procurarían ayudarle; ocultar la traición infame de que fue víctima el compañero Prisciliano G. Silva por parte del novel tiranuelo, sería hacer causa común con la infamia; sería sancionar, con el silencio, el crimen cometido y los embaucamientos a que se entrega y se ha entregado el millonario ambicioso. ¿Qué dirían nuestros compañeros que están sobre las armas si no los previniéramos sobre lo ocurrido? ¿No serían ellos los primeros en acusarnos de traidores cuando se vieran aplastados por la traición de Madero, por no saber qué clase de canalla es éste? Y el pueblo en general ¿no nos haría más tarde o más temprano cargos justificados por no haber desenmascarado a tiempo al lobo que se disfraza de carnero? ¿No ayudaríamos a que se confundiera el proletariado y viese en Madero a su libertador, cuando no es más que su futuro verdugo si las masas inconscientes dan su sangre para encumbrarlo?

La verdadera revolución

La revuelta de Madero no puede llamarse revolución. El movimiento del Partido Liberal mexicano sí es una verdadera revolución. ¿Por qué? Es fácil decirlo; las masas inconscientes que han tomado el fusil para luchar en las filas maderistas, han sido empujadas por la desesperación. Los compañeros que combaten en las filas liberales han ido a la lucha convencidos de que es un acto de justicia el expropiar de la tierra a los ricos para entregársela a los pobres. La desesperación podrá formar caudillos y futuros tiranos, la convicción ilustrada, la conciencia de la finalidad social de la lucha, la certeza de que se lucha contra la clase capitalista, no puede formar tiranos, no puede encumbrar caciques, porque no es para eso para lo que los compañeros liberales empuñan las armas, sino para libertar a un pueblo de la cadena del capital. La necesidad social más urgente de México es la dignificación de la raza por el bienestar y la libertad, y esa necesidad no queda satisfecha con el mero hecho de tener derecho al voto, sino con el hecho de no depender de los amos para poder vivir.

Una prueba

La prueba de que la revuelta de Madero no responde a ninguna necesidad social, está en el hecho de que la gente que lo aclama no ha comprado por sí misma sus fusiles, no ha hecho sacrificio alguno para lanzarse a la guerra. Han ido individuos a quienes se les han dado pagas de marcha como a cualquier soldado, se les ha suministrado dinero para que dejen a sus familias. Mientras que los liberales se arman por sí solos, se sacrifican comprando su parque y marchando a pie o en las varillas de los trenes si no tienen con qué pagar su pasaje, y no exigen paga por adelantado como lo hacen los maderistas. Los liberales sacrifican todo con tal de luchar por los ideales de emancipación económica de la clase trabajadora, y cuando no pueden comprar un arma, y el Partido no puede dárselas porque se hayan agotado, vuelan al campo de batalla y espían el momento en que un compañero cae herido para recoger su fusil y usarlo ellos.

¿Qué habría hecho Madero si se hubiera encontrado en las circunstancias en que lucha el Partido Liberal? En seis meses de trabajos, desde que salimos del presidio, el Partido Liberal, compuesto de trabajadores y personas pobres, ha podido organizar el brillante movimiento que ha despedazado las fuerzas de Rábago y de Vega, en Chihuahua y la Baja California, que ha hecho morder el polvo a los sicarios de la dictadura en el estado de Coahuila, que ha hecho temblar al despotismo con sus hazañas en la costa de sotavento de Veracruz, que ha puesto en conflicto a los soldados federales en el norte de Oaxaca, que amenaza ocupar toda Baja California, que tiene en jaque a las fuerzas de la dictadura en Morelos, en Chihuahua, en Sonora, en Durango. Y todo eso se ha hecho en medio de la miseria más espantosa, y todo eso se ha llevado a cabo por la abnegación de los luchadores liberales. ¿Y por qué esa abnegación? Porque los liberales no luchan por encumbrar a ningún amo, sino por la redención de la clase trabajadora.

Las dudas

Los agitadorcillos de Madero y del clero pretenden sembrar la duda sobre si es cierto o no lo que he escrito sobre Madero y el licenciado don Lázaro Gutiérrez de Lara. La semana entrante publicaremos la comunicación de la Junta a Madero, en que le preguntamos sobre su actitud respecto al Partido Liberal y la contestación del "provisional", diciendo que no podía aceptar el programa del Partido Liberal porque se le retirarían los ricos, y naturalmente el clero, a quien tanto adula para que lo apoye en sus pretensiones.

Por lo pronto, tengo en mi poder las cartas de los compañeros que pudieron escapar de las garras del tiranuelo. Todos están de acuerdo en sus declaraciones y, por lo mismo, sostengo lo que dije en el artículo que tanto ruido ha hecho y lo que he dicho en éste.

El 13 de febrero me decía desde Guadalupe el compañero Silva: "Me es grato comunicarle que hoy en la mañana regresó el capitán segundo, compañero José A. Alvarez, jefe del segundo grupo de la Confederación de Grupos Revolucionarios del Norte, del Partido Liberal mexicano, a este cuartel general, trayendo cuarenta compañeros dispuestos a afiliarse a esta Confederación de Grupos del Ejército Liberal. Desde luego procedí a organizar un nuevo grupo que se llamará Tercer Grupo de la Confederación de Grupos Revolucionarios del Norte, del Partido Liberal mexicano. Entre los compañeros se presentó el licenciado Lázaro Gutiérrez de Lara con 28 norteamericanos, y en vista de la protesta que hizo este compañero de ser fiel al Partido Liberal, le encomendé el mando del Tercer Grupo y puse en sus manos el nombramiento de capitán primero. Desde luego procedí a equipar el nuevo grupo, de caballos, armas, parque suficiente y víveres."

La benevolencia de Silva

El 14 de febrero me comunicaba el compañero Silva: "Esta mañana se presentó a este cuartel general un oficial con una comunicación firmada por el general en jefe del ejército maderista, con cuartel general en Zaragoza, en que me suplica ese jefe maderista le facilite algunos carros y caballos, pues no puede continuar su marcha por falta de esos elementos y, por el mal estado en que se encuentra su columna, teme caer en manos de los federales. Desde luego le envío ocho carros, un coche, veinte caballos ensillados y dos carros cargados con toda clase de provisiones, aparte de suficiente pastura para la caballada. En dicha columna viene el señor Francisco I. Madero. El encargado de conducir este convoy es el capitán primero Lázaro Gutiérrez de Lara, a quien di dicha comisión. He indicado al compañero De Lara que imparta toda clase de auxilios a la columna maderista, como lo exige la hospitalidad y el compañerismo, pues es notorio el mal estado en que se encuentra esa columna, al grado de que se ha estado varios días para recorrer una distancia que se hace en un día. Nuestra bandera roja flota en las azoteas de nuestros cuarteles ostentando nuestro querido lema: *Tierra y Libertad*."

El pueblo satisfecho

Con fecha 15, un día antes del atentado de que fueron víctimas el compañero Silva y su columna por el traidor Francisco I. Madero, me decía el anciano libertario:

"Tengo el gusto de comunicarle la alegría que experimenta el pueblo de esa villa. Me complazco viendo retratada en los rostros de los humildes la satisfacción y la esperanza. Desde que ocupé esta villa de Guadalupe no se ha registrado el menor escándalo. El único preso que hay es un rico que, al ser requerido cortésmente por el compañero Gabino Cano para que hiciera algún préstamo en dinero efectivo para los gastos de la columna militar, insultó duramente a dicho compañero, quien ordenó se le arrestase. Al prisionero se le guarda, a pesar de su conducta grosera, toda clase de consideraciones, como lo merece todo ser humano. El pueblo fraterniza con los soldados de la libertad. Muchas familias se han presentado a este cuartel general demandando auxilio. La miseria es espantosa por la rapacidad de los ricos de este lugar. A todas estas familias he participado de nuestras provisiones y las he provisto de vestuario, pues era desgarrador el espectáculo que ofrecían las mujeres con sus flacas criaturitas en los brazos, los ancianos temblorosos por el hambre y por el frío. La población está contenta y todos me suplican que no me vaya, que no les deje abandonados a sus verdugos."

La llegada de Madero

Sigue hablando el compañero Silva: "Hoy (15 de febrero) llegó a ésta el señor Francisco I. Madero, acompañado del general en jefe del ejército maderista, señor José de la Luz Soto, y su importante columna. El auxilio que presté al señor Madero y su fuerza fue eficiente, pues gracias a él pudo transportarse, librándose de caer en manos de los federales. Hemos recibido a los huéspedes con muestras inequívocas de simpatía, pues aunque no luchamos por los mismos principios, los liberales sabemos ser solidarios y hospitalarios. Como recordará usted, en mi anterior comuniqué a esa Junta, que la columna del señor Madero se encontraba en Zaragoza en muy malas condiciones, pues carecían de víveres, de medios de transportación y de otras muchas cosas. Habían caminado a pie una distancia muy pequeña; pero el hambre, la fatiga y las privaciones habían debilitado a esa columna y estaba en peligro de ser completamente desbaratada por las fuerzas de Navarro. Gracias a nuestro oportuno auxilio, la fuerza del señor Madero y éste mismo se han salvado de una derrota y una muerte seguras."

La voracidad de los maderistas

"Desde luego procedí a acomodar a nuestros huéspedes. Lo más importante era servirles una buena comida y todos nuestros compañeros se alistaron para ayudar a sus hermanos de lucha, aunque no de ideales. El señor Madero y toda su gente comieron con gran apetito, haciéndose el gasto de nuestras provisiones."

Una visita y un recuerdo

"A las cinco y media de la tarde invité al capitán primero Lázaro Gutiérrez de Lara a que me acompañara a hacer una visita al señor Madero con el fin de felicitarlo por haberse salvado de caer en manos de los federales.

Estuvimos hablando el señor Madero y yo por algunos minutos. Dicho señor me recibió con toda cortesía, y me tendió su mano diciéndome que era mi amigo. Mientras hablaba con el señor Madero esta tarde, no sé por qué razón venía a mi memoria el recuerdo de una entrevista que tuve con este señor a la una de la madrugada del 24 de septiembre de 1906 en una casa de San Pedro de las Colonias. El señor Madero me había mandado llamar para que le ayudara en un movimiento revolucionario contra el dictador Porfirio Díaz. El enviado del señor Madero me había asegurado que don Francisco era el más decidido partidario del movimiento revolucionario que hacía muchos años venía preparando el Partido Liberal. En aquella memorable entrevista, al hacerle saber al señor Madero que yo era miembro del Partido Liberal y que estaba listo a levantarme en Torreón por la causa liberal si él me proporcionaba cuatrocientas carabinas, dicho señor se volvió todo disculpas y me dijo que no sólo veía mal el movimiento liberal, sino que consideraba un crimen ensangrentar el país por ambiciones personales, 'tanto más cuanto que —me dijo aquella vez el señor Madero— el general Díaz no es un tirano: es algo rígido, pero no un tirano', volvió a repetirme dicho señor, 'y aunque fuera un tirano, yo nunca prestaré ninguna ayuda para hacer una revolución, pues tengo verdadero horror por el derramamiento de sangre'. Esta conferencia la presenció el señor Manuel Banda, que ocasionalmente se encontraba en la casa de Madero. Lo que sucedió aquella vez fue que el señor Madero me había mandado llamar para ayudarlo a él a encumbrarse; pero como le dije que yo luchaba por los principios del Partido Liberal, todo se volvió excusas y femeniles aspavientos por los derramamientos de sangre. Este recuerdo me hizo pensar en la fragilidad de la conciencia de algunas personas en general y del señor Madero en particular.

"Hoy comuniqué al capitán Gutiérrez de Lara que diera órdenes a su grupo para que mañana se emprenda la marcha hacia San Ignacio con todos los elementos que nuestras armas y el valor de nuestros compañeros conquistaron aquí, para proseguir la campaña en pro de nuestros ideales."

Un bien con un mal se paga

Lo que he entresacado de las comunicaciones oficiales del compañero Silva sirve para demostrar que la lealtad, la honradez, la abnegación, el espíritu de solidaridad está de parte de los liberales. Esto demuestra que Madero es un traidor, un embustero, un mentecato que se espantaba de que se hiciera derramar sangre cuando se trataba de conquistar la tierra para los pobres; pero está dispuesto a derramarla por su ambición personal.

Silva hizo, además, toda clase de bienes a Madero; lo salvó de una derrota inminente y de una muerte probable. facilitándole los medios de ponerse a salvo con su gente. Madero, al día siguiente de su llegada a Guadalupe, pagó los servicios del Partido Liberal arrestando a Silva y desarmando a nuestros compañeros.

La conducta de Gutiérrez de Lara

Yo no quiero juzgar la conducta de Gutiérrez de Lara. Es el público quien debe hacerlo. Me basta con decir que De Lara se decía socialista, obtuvo fondos para luchar por la causa liberal, y ahora lo vemos en las filas de Madero. Un socialista no puede unirse a Madero, para luchar, porque Madero no lucha por la clase trabajadora, sino por la clase capitalista. Madero quiere que el sistema de explotación del trabajador, del pobre, quede tal y como está actualmente. Eso es natural en Madero porque es rico, y tiene interés en que los pobres lo sigan haciendo rico; pero en Gutiérrez de Lara es distinto. De Lara se desgañitó aquí y allá hablando contra el llamado derecho de propiedad, y es ahora uno de los soportes de ese derecho; se enronqueció aquí y en otras partes hablando del derecho del proletariado a tomar posesión de la tierra, la maquinaria y todo lo indispensable para la producción, y ahora en las filas maderistas es uno de los guardianes del capitalismo. Es decir que, en vez de dar un paso hacia adelante, lo ha dado hacia atrás en cuestión de convicciones. Primero defendía a los pobres, ahora defiende a la clase capitalista, esto es, a la clase que oprime a los pobres.

Votos de adhesión

Nuestra conducta al exhibir la traición, si bien ha merecido la injuria de la canalla, por otra parte ha merecido el aplauso de los buenos compañeros, de los hombres que piensan con la cabeza, del proletariado consciente. A nuestras oficinas están llegando innumerables muestras de adhesión y simpatía por nuestra rectitud y nuestra lealtad a la causa de los desheredados. De todas partes nos escriben felicitándonos por haber emprendido la tarea de deslindar bien los campos, de hacer ver con claridad por qué lucha Madero y por qué lucha el Partido Liberal. Vamos a ir publicando según lo permitan las dimensiones de *Regeneración*, los votos de adhesión y simpatía por nuestra actitud acerca del peligroso maderismo: peligroso porque extravía las conciencias, porque desvía a los trabajadores del camino que deben seguir para ser realmente libres, y ese camino es el de la emancipación económica.

Los maderistas de buena fe

¡Ah, qué diferencia! Mientras la canalla se desgañita injuriándonos, los maderistas de buena fe, esto es, los que sin ambiciones de ninguna clase se habían afiliado al maderismo, son los primeros en felicitarnos por haber hecho brillar la verdad. Uno de ellos en una entusiasta comunicación dice: "Sin ustedes todos nos habríamos dejado conducir al matadero por el ambicioso Francisco I. Madero. ¡Que viva *Regeneración*! ¡Que viva el Partido Liberal mexicano, que nos abre los ojos a los ciegos!"

Otros nos manifiestan su arrepentimiento por haberse dejado seducir por las sirenas del maderismo. Ahora muchos maderistas de buena fe se están inscribiendo como miembros del Partido Liberal.

La verdad triunfa. Diariamente nos llegan testimonios de liberales que nos dicen haber sido engañados por los agentes de Madero diciéndoles que las dos causas eran una misma cosa.

¡Adelante!

Compañeros, la revolución se purifica. El Partido Liberal mexicano ha ganado mucho con la traición del burgués Francisco I. Madero, pues ahora ya todos comprenden lo que sería ese hombre si por desgracia llegase a ocupar la Primera Magistratura de la nación. Felicitémonos de que tan pronto haya enseñado la oreja el ambicioso millonario.

Que se despida Madero de recuperar sus millones. Sus tierras van a pasar, como las de todos los señores feudales de México, a poder del pueblo. Los liberales lucharemos con todas nuestras fuerzas por derrotar al capitalismo.

Los que sueñen con prebendas y empleos para "después del triunfo" del maderismo, que vayan conciliándose con la idea de no vivir sobre sus hermanos, sino de trabajar al igual de todos, haciendo producir a esa vieja tierra abundantes frutos para el bienestar de todos los que la trabajen y no de los amos perezosos.

(De *Regeneración*, marzo 4 de 1911.)

LA OBRA DE JUÁREZ

Este artículo va dirigido a los liberales constitucionalistas, a los que aman la obra del insigne indio Benito Juárez, para demostrarles que los liberales radicales de hoy no hacemos otra cosa que continuar la obra de ese grande luchador, aunque empleando métodos distintos de los que él empleó para procurar la emancipación de la clase trabajadora.

Empapados en las ideas del siglo, y convencidos, por las lecciones de la Historia, de la ineficacia de la acción política para conseguir la libertad económica, los liberales radicales de México ya no confiamos en la ley, sino en la acción. Continuamos la obra de Juárez; pero con táctica distinta.

Juárez creyó que, por medio de la ley, lograría el trabajador su libertad económica, y por eso defendió y sostuvo la Constitución política de 1857, que en sus artículos relativos a la libertad de trabajo dice: "Artículo 4o. Todo hombre es libre para abrazar la profesión, industria o trabajo que le acomode, siendo útil y honesto, y para aprovecharse de sus productos. Ni uno ni otro se le podrá impedir sino por sentencia judicial cuando ataque los derechos de

tercero, o por resolución gubernativa, dictada en los términos que marque la ley, cuando ofenda los de la sociedad."
"Artículo 5o. Nadie puede ser obligado a prestar trabajos personales sin la justa retribución y sin su pleno consentimiento, salvo el trabajo impuesto como pena por la autoridad judicial."

Cincuenta y cuatro años hace que se promulgó la Constitución política de 1857, y en todo ese tiempo el trabajador ha seguido siendo esclavo del salario, sencillamente porque se confió a la ley y al Gobierno lo que los trabajadores deben hacer por sí mismos. El artículo cuarto declara terminantemente que el trabajador es libre para aprovecharse del producto de su trabajo, y el quinto dice bien claro que el trabajador debe obtener la justa retribución a sus faenas.

¿Cómo puede obtener el trabajador el producto de su trabajo? Tomando posesión de la tierra y de la maquinaria de producción, pues sólo de esa manera podrá obtener la justa retribución de que habla el artículo quinto.

La justa retribución de que habla la Constitución no puede ser el salario, porque éste no representa sino una pequeña parte de lo que el trabajador produce. Si un zapatero, que hace un par de zapatos, recibe de su patrón un peso, no ha recibido la justa retribución, porque el patrón venderá después esos mismos zapatos por cuatro o cinco pesos o más, y no al precio de un peso que dio a su esclavo. El patrón, en este caso, viola la Constitución en sus artículos 4o. y 5o. al impedir que el trabajador aproveche, por medio de una justa retribución a sus afanes, lo que ha producido, y se le ha robado descaradamente porque si, después de haber hecho el par de zapatos, sólo ha obtenido un peso y tiene que comprárselos al patrón por cuatro, cinco o más pesos cuando los necesite, no se sabe qué nombre aplicar a esa acción que no sea el de robo, el más cobarde y artero.

El patrón no puede alegar, en su defensa, que es útil y honesto lo que hace, porque no se le necesita para nada en lo que a la producción respecta, y es simplemente un vampiro que se aprovecha del esfuerzo ajeno para darse la gran vida.

Los constitucionalistas deben meditar fríamente esta trascendental materia, si es que realmente admiran la obra de Juárez. Este hombre notable pensó en librar a la clase trabajadora de la esclavitud económica; mas escogió la política para lograrlo y esa ha sido la causa del fracaso de su sueño; pero los liberales radicales, en vista de ese fracaso, no queremos confiar a la ley la solución del problema del hambre. Los liberales radicales vamos a expropiar a la clase poseedora, durante ese grandioso movimiento, y a sangre y fuego, la tierra y la maquinaria de producción para el libre disfrute de todos y cada uno de los habitantes de México, sin distinción de sexo, teniendo entendido que solamente de ese modo se puede lograr lo que Juárez quería: que el hombre aproveche el producto de su trabajo, y no parte de ese producto.

Los constitucionalistas deben unírsenos para emplear la acción directa en esta guerra de clases. La ley no puede llegar a tener nunca fuerza expropiatoria, precisamente porque no es hecha por los pobres, sino por señores de levita y de sombrero de seda, poseedores de las fábricas, de las tierras, de las minas, de los talleres, y no podrán aprobar una ley que los despoje de esos bienes con que tienen sujeta a la casi totalidad de la población mexicana en la esclavitud del salario.

Si Juárez hubiera sido de esta época, le veríamos luchando resueltamente en las filas de los desheredados y aplicando la expropiación por medio de la fuerza de las armas; pero vivió en la época en que se creía en leyes salvadoras y gobiernos paternales.

Sin embargo, Juárez expropió al clero de sus bienes raíces durante la Guerra de Tres Años, en medio de la lucha, a pesar de los consejos de los que querían que la expropiación de los bienes del clero se decretase por un Congreso cuando la paz fuera restablecida. Juárez dijo entonces que se necesitaría una nueva revolución para llevar a cabo esa obra si se la dejase para cuando la paz fuera hecha, porque los clérigos no iban a quedarse con las manos cruzadas ante ese acto que les privaba del disfrute de los millones atesorados con las dádivas de los creyentes. El error de Juárez, error disculpable por la época en que llevó a cabo la expropiación de los bienes del clero, consistió en vender esos bienes a la burguesía en lugar de ponerlos en las manos de los trabajadores.

Imitemos a Juárez en la cuestión de la toma de posesión de la tierra y de la maquinaria de producción que ahora detenta la burguesía; imitémoslo en tomar todo eso para el pueblo mexicano en el presente movimiento, porque si se deja ese trabajo para que un Congreso lo decrete, aun cuando llegase a decretarse tal acto, la burguesía no se quedaría con los brazos cruzados, sino que haría una nueva revolución, en la que fracasaría el hermoso proyecto. Pero no imitemos a Juárez en cuanto a vender la tierra y la maquinaria, porque seguiría existiendo la misma explotación del trabajo de los pobres; hay que ir entregando todos esos bienes a todos los habitantes de las regiones que vayamos conquistando para que el trabajo humano se ennoblezca, libre ya de amos.

No pongamos dificultades, no comencemos con el eterno estribillo de los irresolutos: "El pueblo no está preparado para eso". Recordemos que Juárez arrebató de las manos del clero los bienes raíces en una época en que el fanatismo religioso dominaba por completo al pueblo mexicano, en que el clero fulminaba excomuniones, en que las turbas mataban a pedradas a los que se atrevían a proferir una sola palabra en contra del clero. Recuérdese que en aquella época eran contadas las personas que sabían leer y escribir. Recuérdese que los mismos soldados del Partido Liberal llevaban colgados al cuello escapularios y rosarios, y se les animaba a atacar a las fuerzas del clero con estas palabras: "¡Viva el santo poder de Dios!" "¡Viva la Virgen de Guadalupe!" Recuérdese que los jefes y oficiales de las fuerzas liberales hacían pelear a sus inconscientes soldados, diciéndoles que la Virgen había prometido que todos aquellos que muriesen en los combates no iban a morir en realidad, sino que resucitarían y serían felices. Con ese elemento, esencialmente fanatizado, pudo expropiar Juárez al clero orgulloso en la Guerra de Tres Años. Las campanas de los templos eran fundidas y convertidas en cañones. Las vestiduras de los curas y los objetos dedicados al servicio religioso eran decomisados para convertir en monedas el oro y la plata que contenían, y esas "profanaciones" se hacían por medio de la fuerza de los soldados liberales, que como queda dicho, eran fanáticos hasta la médula.

No, no hay que hablar de que el pueblo mexicano no está en condiciones de entender las doctrinas salvadoras del

Partido Liberal mexicano. El pueblo mexicano de hoy está a una inmensa altura en comparación con el pueblo mexicano de la época de Benito Juárez.

Por otra parte, el pueblo mexicano, por instinto, odia a los ricos, que, para el pueblo, son menos sagrados que lo eran los clérigos en la época de Juárez.

No se necesita la unanimidad para una empresa de esta naturaleza. La unanimidad en el modo de pensar es ABSOLUTAMENTE IMPOSIBLE. Lo que se necesita es una minoría enérgica, resuelta, irreducible a la traición. Eso es lo que se ha necesitado siempre desde la infancia de la humanidad, y esa minoría valerosa de libertarios que luchan en México en estos momentos, esa minoría que no ha hecho aprecio de los tratados de paz, es la que arrastrará a las masas a tomar posesión de la tierra y de la maquinaria de producción, a pesar de las dudas de los "incrédulos", a pesar de las profecías de los "pesimistas", a pesar de la alarma de los "sensatos", de "los cabezas frías" y de los cobardes.

¡Adelante, camaradas!

(De *Regeneración*, junio 3 de 1911.)

"¡NO QUIERO SER ESCLAVO!" [1]

Camaradas:

"¡No quiero ser esclavo!", grita el mexicano, y, tomando el fusil, ofrece al mundo entero el espectáculo grandioso de una verdadera revolución, de una catástrofe social que está sacudiendo hasta los cimientos el negro edificio de la Autoridad y del Clero.

No es la presente, la revuelta mezquina del ambicioso que tiene hambre de poder, de riqueza y de mando. Esta es la revolución de los de abajo; este es el movimiento del hombre que en las tinieblas de la mina sintió que una idea se sacudía dentro de su cráneo, y gritó: "¡Este metal es mío!"; es el movimiento del peón que, encorvado sobre el surco reblandecido con su sudor y con las lágrimas de su infortunio, sintió que se iluminaba su conciencia y gritó:

[1] **Palabras pronunciadas el 1o. de junio de 1912.**

"¡Esta tierra es mía y míos son los frutos que la hago producir!"; es el movimiento del obrero que, al contemplar las telas, los vestidos, las casas, se da cuenta de que todo ha salido de sus manos y exclama emocionado: "¡Esto es mío!", es el movimiento de los proletarios, es la revolución social.

Es la revolución social, la que no se hace de arriba para abajo, sino de abajo para arriba; la que tiene que seguir su curso sin necesidad de jefes y a pesar de los jefes; es la revolución del desheredado, que asoma la cabeza en el festín de los hartos, reclamando el derecho de vivir.

No es la revuelta vulgar que termina con el destronamiento de un bandido y la subida al Poder de otro bandido, sino una contienda de vida o muerte entre las dos clases sociales: la de los pobres y la de los ricos, la de los hambrientos contra los satisfechos, la de los proletarios contra los propietarios, cuyo fin será, tengamos fe en ello, la destrucción del sistema capitalista y autoritario por el empuje formidable de los valientes que ofrendan sus vidas bajo la bandera roja de ¡Tierra y Libertad!

Y bien: esta lucha sublime, esta guerra santa, que tiene por objeto librar del yugo capitalista al pueblo mexicano, tiene enemigos poderosos que a todo trance y valiéndose de toda clase de medios, quieren poner obstáculos a su desarrollo. La libertad y el bienestar —aspiraciones justísimas de los esclavos mexicanos— son cosas molestas para los tiburones del Capital y la Autoridad. Lo que es bueno para el oprimido, es malo para el opresor. El interés de la oveja es diametralmente opuesto al interés del lobo. El bienestar y la libertad del mexicano, de la clase trabajadora, significa la desgracia y la muerte de la explotación y de la tiranía. Por eso cuando el mexicano pone la mano vigorosa sobre la ley para hacerla pedazos, y arranca de las manos de los ricos la tierra y la maquinaria de producción, gritos de terror levantan del campo burgués y autoritario, y se pide que se ahoguen en sangre los esfuerzos generosos de un pueblo que quiere emanciparse.

México ha sido presa de la rapacidad de aventureros de todos los países, que han sentado sus reales en aquella rica y bella tierra, no para beneficiar al proletariado mexicano, como falsamente lo ha asegurado en todo el tiempo el Gobierno, sino para ejercer la explotación más criminal que haya existido sobre la Tierra. El mexicano ha visto pasar la tierra, los bosques, las minas, todo, de sus manos a las de los extranjeros, apoyados éstos por la Autoridad, y ahora que el pueblo se hace justicia con su propia mano, desesperado de no encontrarla en ninguna parte, ahora que el pueblo ha comprendido que es por medio de la fuerza y por sí mismo como debe recobrar todo lo que los burgueses de México y de todos los países le han arrebatado, ahora que ha encontrado la solución del problema del hambre, ahora que el horizonte de su porvenir se aclara y cuando sueña con días de ventura, de abundancia y de libertad, la burguesía internacional y los gobiernos de todos los países empujan al Gobierno de los Estados Unidos a intervenir en nuestros propios asuntos, con el pretexto de garantizar la vida y los intereses de los explotadores extranjeros. ¡Esto es un crimen! ¡Esta es una ofensa a la humanidad, a la civilización, al progreso! ¡Se quiere que quince millones de mexicanos sufran hambre, humillaciones, tiranía, para que un puñado de ladrones vivan satisfechos y felices!

Forman parte de esa intervención la ayuda decidida que el Gobierno de los Estados Unidos está prestando a Francisco I. Madero para sofocar el movimiento revolucionario, permitiendo el paso de tropas federales por territorio de este país para ir a batir a las fuerzas rebeldes, y la persecución escandalosa de que somos objeto los revolucionarios a quienes se nos aplica esa legislación bárbara que lleva el nombre de leyes de neutralidad.

Pues bien: nada ni nadie podrá detener la marcha triunfal del movimiento revolucionario. ¿Quiere paz la burguesía? ¡Pues que se convierta en clase trabajadora! ¿Quieren paz los que la hacen de autoridad? ¡Pues que se quiten las levitas y empuñen, como hombres, el pico y la pala, el arado y el azadón!

Porque mientras haya desigualdad, mientras unos trabajan para que otros consuman, mientras existan las palabras *burguesía* y *plebe*, no habrá paz: habrá guerra sin cuartel, y nuestra bandera, la bandera roja de la plebe, seguirá desafiando la metralla enemiga sostenida por los bravos que gritan: ¡Viva Tierra y Libertad!

En México han pasado a la Historia las revoluciones políticas. Los cazadores de empleos están fuera de su tiempo. Los trabajadores conscientes no quieren más parásitos.

Los gobiernos son parásitos: por eso gritamos: "¡Muera el Gobierno!"

Camaradas: saludemos nuestra bandera. Ella no es la bandera de un solo país, sino del proletariado entero. Ella condensa todos los dolores, todos los tormentos, todas las lágrimas, así como todas las cóleras, todas las protestas, todas las rabias de los oprimidos de la Tierra. Y esta bandera no encierra sólo dolores y cóleras; ella es el símbolo de risueñas esperanzas para los humildes y encierra todo un mundo nuevo para los rebeldes. En las humildes viviendas, el trabajador acaricia las cabecitas de sus hijos, soñando emocionado en que esas criaturas vivirán una vida mejor que la que él ha vivido; ya no arrastrarán cadenas; ya no tendrán que alquilar sus brazos al burgués ladrón, ni tendrán que respetar las leyes de la clase parasitaria, ni los mandatos de los bribones que se hacen llamar Autoridad. Serán libres, sin el amo, sin el sacerdote, sin la Autoridad; la hidra de tres cabezas que en estos momentos, en México, arrinconada, convulsa de rabia y de terror, todavía tiene garras y colmillos que los libertarios le arrancaremos para siempre.

Esa es nuestra tarea, hermanos de cadenas: aplastar al monstruo, por el único medio que nos queda: ¡La violencia! ¡La expropiación por el hierro, por el fuego y por la dinamita!

La hipócrita burguesía de los Estados Unidos dice que los mexicanos estamos llevando a cabo una guerra de salvajes. Nos llaman salvajes porque estamos resueltos a no dejar que nos exploten ni los mexicanos ni los extranjeros, y porque no queremos Presidentes ni blancos ni prietos. Queremos ser libres, y si un mundo nos detiene en nuestra marcha, un mundo destruiremos para crear otro. Queremos ser libres y si todas las potencias extranjeras se nos echan encima, lucharemos contra todas las potencias como tigres, como leones. Repito, esta es una lucha de vida o de muerte. Están frente a frente las dos clases sociales: los hambrientos de una parte, de la otra los hartos, y la contienda terminará cuando una de las dos clases sea aplastada por la otra.

Desheredados: nosotros somos los más; ¡nosotros triunfaremos! ¡Adelante! Nuestros enemigos tiemblan; es necesario ser más exigentes y más audaces; que nadie se cruce de brazos: ¡arriba todos!

Camaradas: nada logrará que los mexicanos se aparten de la lucha: ni la engañifa del político que promete delicias para "después del triunfo", para que se le ayude a escalar el Poder; ni la amenaza de los esbirros de ese pobre payaso que se llama Francisco I. Madero; ni los aprestos militares de los Estados Unidos. Esta contienda tendrá que ser llevada hasta su fin: la emancipación económica, política y social del pueblo mexicano, cuando hayan desaparecido de aquella bella tierra el burgués y la Autoridad, y ondee, triunfadora, la bandera de Tierra y Libertad.

¡Viva la revolución social!

(De *Regeneración.*)

ORIENTACION DE LA REVOLUCION MEXICANA [1]

Camaradas:

Durante el periodo del Terror, en la Revolución Francesa, un reo de buen humor dijo una vez: "La cárcel es un vestido de piedra"; pues bien, amigos míos, yo acabo de quitarme uno de esos vestidos, y heme aquí entre vosotros una vez más después de uno de mis acostumbrados viajes al presidio. Me despedí de vosotros como hermano, y como hermano vuelvo a vuestro lado; revolucionario me despedí, y revolucionario vengo; soy el mismo rebelde, y como rebelde os hablo. Escuchad:

Este mitin tiene por objeto explicar que el movimiento mexicano es una verdadera revolución social. Unos cuantos hombres en América, y otros cuantos hombres en Europa, se han impuesto la tarea, nada envidiable ciertamente, de arrojar dudas sobre el carácter del movimiento mexicano, con el fin de que no se preste al Partido Liberal mexicano el apoyo moral y material que necesita para llevar a buen término su obra de encauzamiento de la Revolución por medio de la palabra, del escrito o del acto.

Movidos por no sé qué baja pasión, esos hombres, que

[1] Discurso pronunciado el 14 de febrero de 1914, en el mitin organizado por el **Centro de Estudios Racionales** de la ciudad de Los Angeles, California.

se jactan de ser revolucionarios, propalan, jesuíticamente, unos —porque son cobardes— y francamente otros —porque son cínicos—, que el movimiento mexicano no tiene carácter social, y que es simplemente un movimiento de caudillos que ambicionan el Poder, como lo han sido la mayor parte de los movimientos armados que han tenido por escenario la América Latina, desde la independencia de sus Estados hasta nuestros días.

Y bien: esta es, compañeros, una mentira, una vil y cobarde mentira que no sé por qué no quema los malditos labios que la arrojan. La revolución social existe en México, allí vive, allí alienta, allí arde con todos sus horrores y todas sus excelsitudes, porque las revoluciones tienen resplandores de infierno y aureolas de gloria; porque las revoluciones son azote y son beso, lastiman y acarician: son el amor y el odio en conflicto; son la justicia y la arbitrariedad librando el formidable combate del que resultará muerta una de las dos, y del cadáver nacerá la Tiranía, si la Justicia es vencida, o la Libertad, al resultar victoriosa.

La Revolución mexicana no es el resultado del choque de las ambiciones de caudillos que aspiren a la Presidencia de la República; la Revolución mexicana no es Villa, no es Carranza, ni Vázquez Gómez, ni Félix Díaz: estos hombres son la espuma que la ebullición arroja a la superficie. Podéis quitar esa espuma, y subirá otra nueva; y si repetís la operación, nuevas espumas subirán hasta que el contenido del crisol quede libre de impurezas. Esta es la Revolución mexicana.

La Revolución mexicana no se incubó en los bufetes de los abogados, ni en las oficinas de los banqueros, ni en los cuarteles del Ejército: la Revolución mexicana tuvo su cuna donde la humanidad sufre, en esos depósitos de dolor que se llaman fábricas, en esos abismos de torturas que se llaman minas, en esos ergástulos sombríos que se llaman talleres, en esos presidios que se llaman haciendas. La Revolución mexicana no salió de los palacios de los ricos ni alentó en los pechos cubiertos de seda de los señores de la burguesía, sino que brotó de los jacales y ardió en los pechos curtidos por la intemperie de los hijos del pueblo.

Fue en los campos, en las minas, en las fábricas, en los talleres, en los presidios, en todos los sombríos lugares en que la humanidad sufre, donde el hombre y la mujer, el anciano y el niño tienen que sufrir la brutalidad del amo y la injusticia del Gobierno, donde alentó la Revolución mexicana durante siglos y siglos de humillaciones, de miserias y de tiranías. El periodo de incubación de la Revolución mexicana comienza desde que el primer conquistador arrebató al indio la tierra que cultivaba, el bosque que le surtía de leña y de carne fresca, el agua con que regaba sus sembrados; continuó desarrollándose en esa noche de tres siglos llamada época colonial, en que los ijares del mexicano chorrearon sangre castigados por la espuela del encomendero, del fraile y del virrey, y continuó su curso bajo el Imperio y la República federal, bajo la Dictadura y la República central, bajo el Imperio extranjero de Maximiliano y la República democrática de Juárez, hasta llegar a hacer explosión bajo el dorado despotismo de Porfirio Díaz, en que alcanzó su máximo de horror la odiosa tiranía de cuatro siglos.

Bajo el despotismo de Díaz, que duró treinta y cuatro años, se acentuaron los males del proletariado. En esta época acabó de perder el pueblo los pocos jirones de libertad y de bienestar que había logrado poner a salvo a través de la tormenta de cuatro siglos de servidumbre; las pocas hectáreas de tierra con que contaban los pueblos para su subsistencia les fueron arrebatadas por los hacendados, y los habitantes de México se vieron obligados a aceptar una de dos cosas: o trabajar para beneficio de sus amos a cambio de una miserable pitanza, o morir de hambre. La miseria se hizo insufrible; la tiranía era cada vez más brutal, y el pueblo comprendió que su miseria y su esclavitud provenían de las circunstancias de encontrarse la tierra en poder de unas cuantas manos, y de que quince millones de seres humanos no tenían un terrón para reclinar la cabeza.

Para dar muerte a esas condiciones de miseria y de tiranía se levantó el pueblo mexicano, decidido a conquistar su libertad económica, y con admirable buen sentido ha comprendido que la garantía de su libertad y de su bienestar debe consistir en la posesión de la tierra por el que la trabaja.

¿No es esta, compañeros, una revolución social? Y si tuviéramos tiempo para analizar los actos revolucionarios que han tenido lugar en México en estos últimos tres años, veríamos comprobada esta verdad: el pueblo mexicano se ha levantado en armas, no para tener el gusto de echarse encima un nuevo Presidente, sino para conquistar, por el hierro y por el fuego, Tierra y Libertad.

Tierra y Libertad no son más que palabras, es cierto; pero estas palabras llegan a lo sublime cuando la mano del trabajador rompe la ley, quema los títulos de propiedad, incendia las iglesias, da muerte al burgués, al fraile y al representante de la Autoridad, y con gesto heroico toma posesión de la madre Tierra para hacerla libre con su trabajo de hombre libre.

¿Qué otros ejemplos queremos de esta revolución para comprender que es de carácter social? Ejemplos de esta naturaleza se multiplican hasta el infinito: ya es el poblado rebelde, cuyas mujeres toman el arado y el rastrillo para cultivar la tierra conquistada a sangre y fuego, mientras los hombres, rifle en mano, tienen a raya a los soldados del sistema burgués; o bien, los hombres mismos labran la tierra conquistada, llevando cruzado a la espalda el fusil libertador, o cuando hacer más no se puede, incendian el plantío y la casa del burgués, desbordan las aguas, hacen volar en mil pedazos la fábrica, desploman la mina, destruyen el ferrocarril, paralizando la vida de los negocios por medio de este sabotaje que no se atreve aún a practicar su hermano el trabajador de otros países, demostrando con hechos que esta Revolución no nació en los bufetes de los abogados, ni en las oficinas de los banqueros, sino que es el movimiento espontáneo de la plebe, que se venga de sus verdugos.

Es el movimiento del pobre contra el rico, del hambriento contra el harto, del esclavo contra el amo, llevado a cabo por el único medio, el medio eficaz que tiene que emplear el desheredado de todo el mundo para destruir el sistema actual, y es este: el fusil, la dinamita y la expropiación.

Para que este movimiento sublime no pierda su carácter social desviado por los caudillos que aspiran la Presidencia, trabajan, sufren y mueren —lanzando el grito de Tierra y Libertad— los miembros del Partido Liberal mexicano. Centenares de los mejores de los nuestros han perdido la vida en esta prolongada contienda en cumplimiento del sagrado deber de velar por el bienestar y la libertad de la clase trabajadora, y, sin embargo, hay corazones ruines, hay espíritus pequeños que aprovechan toda oportunidad que se les presenta para desfigurar; ante las miradas de los trabajadores de todo el mundo, la verdadera significación de la Revolución mexicana, y cubrir de lodo los sacrificios de los miembros del Partido Liberal mexicano, cuya historia es una trágica historia de luchas, de dolores, de penalidades, de martirios sufridos con abnegación y con valor para conquistar, para todos, Pan, Tierra y Libertad.

¡Ah! Que hablen los traidores, que la envidia muerda, que la tiranía oprima, asesine y torture; mientras quede un solo liberal en armas temblarán de miedo y de rabia el Capital, la Autoridad y el Clero: la trilogía maldita que palidece cuando a sus oídos llega este grito formidable: "¡Viva Tierra y Libertad!" La trilogía maldita que corre a ocultarse cuando el liberal agita en el bosque, en la sierra, en la ciudad, en el llano, el símbolo bendito de la guerra de clases: la bandera roja. La bandera roja bajo cuyos pliegues están cayendo, heridos de muerte, nuestros hermanos.

¡Arriba, proletarios, y tended vuestras manos a los esclavos que forcejean con la muerte para conquistar la vida! ¡Arriba, hermanos de todo el mundo, y como un solo hombre, demos nuestra inteligencia, nuestro bienestar y nuestro dinero al esclavo, que por fin ha roto sus cadenas y con ellas resquebraja el cráneo del burgués, del sacerdote y del representante de la Autoridad!

Y si alguien se atreve a vituperar la Revolución mexicana, ¡que se alcen todos los puños y obliguen al traidor a tragarse sus hediondas palabras! Y si alguien se atreve a manchar la reputación del Partido Liberal mexicano, ¡aplastadlo, como se aplasta un reptil!

Camaradas: no olvidemos en esta noche de fiesta a los que sufren por defender los principios de Pan, Tierra y Libertad para todos. No olvidemos a Rangel, no olvidemos a Alzado, no olvidemos a Cisneros, no olvidemos a nuestros hermanos de Texas. Pensemos que mientras nosotros, unidos como hermanos, celebramos esta fiesta del Trabajo, en los calabozos de Texas sufren frío, hambre y maltratos un puñado de los nuestros, cuyo crimen es su deseo ardiente de ver a la humanidad libre y feliz, sin dioses y sin amos. Enviémosles nuestro saludo y nuestro aplauso, y algo mejor que todo esto: enviémosles nuestro dinero para que compren su libertad, porque, camaradas, bien lo sabéis, la justicia burguesa es una prostituta y a las prostitutas se les conquista con oro. Hagamos ese sacrificio: rellenemos de oro el hocico de esa prostituta —la justicia burguesa— para salvar de la horca a los mártires de Texas. Os invito para que, a la hora de abandonar esta sala, depositéis en la mesa que se encuentra a la puerta vuestro óbolo para los mártires de Texas, teniendo presente que cada una de vuestras monedas es parte de la fuerza con que los desheredados tenemos que debilitar la garra ahora prendida a los cuellos de nuestros hermanos, y que éstos, en el fondo de sus calabozos, sentirán en sus corazones la dulzura de vuestra noble acción. Enviad a esos infortunados hermanos un rayo de luz; demostradles que sois solidarios diciendo al enemigo: "¡Atrás, miserable!; no te conformas con exprimirnos la sangre en la sección de ferrocarril, en la mina, en el campo; no te conformas con destruir nuestra salud con tu explotación, sino cuando los mejores de nuestros hermanos marchan a los campos de batalla a luchar por nuestra libertad y nuestro bienestar, te interpones tú y quieres ahorcarlos: ¡atrás, bandido!"

Camaradas: una parte del camino de la redención está andada. Está puesta la primera piedra del edificio del porvenir, y no nos queda otra cosa por hacer que seguir adelante, ¡adelante!, al triunfo o a la derrota, no importa; adelante, aunque en nuestra marcha hacia la Vida tropecemos con la Muerte. ¡Viva Tierra y Libertad!

(De *Regeneración.*)

LA REPERCUSION DE UN LINCHAMIENTO

La prensa diaria de esta ciudad se ha ocupado, en estos últimos días, de dar cuenta a sus lectores de supuestos ultrajes inferidos a norteamericanos en la ciudad de México, por turbas amotinadas. Los relatos de esa Prensa son realmente espeluznantes; pero creemos que hay mucha exageración en ellos.

No es posible negar que en toda la América Latina se opera una reacción contra el imperialismo de los Estados Unidos, que, para la vida de aquellos países como naciones autónomas, es una grave amenaza. Un sentimiento de hostilidad, cada vez más marcado, contra la política absorbente del Gobierno norteamericano, se nota en aquellos pueblos.

No el pueblo norteamericano, sino la codicia de los grandes millonarios norteamericanos; la sed de oro de la plutocracia de este país ha sido el origen de ese sentimiento que hace lento y difícil el logro de la fraternidad entre los seres humanos que pueblan este Continente, pues mientras los hombres que nos hemos emancipado de los prejuicios de raza trabajamos por crear lazos fraternales entre todos los hombres, los millonarios, los grandes negociantes, los bandidos de las finanzas, procuran con sus actos dividir a los pueblos, abrir abismos entre las diversas razas y las diversas nacionalidades, para, de ese modo, tener seguro su imperio: "divide y reinarás", dijo Maquiavelo.

Los ataques que han sufrido los pueblos latinos de América han sido motivados por la ambición de los grandes millonarios, que echan mano del patriotismo para ir a ultrajar pueblos que no han cometido otro delito que vivir sobre ricas tierras que han tentado la codicia de los vampiros de Wall Street. ¿Quién no recuerda el ataque a su soberanía sufrido por Colombia? ¿Quién ha olvidado las intrigas de los grandes millonarios de este país contra la independencia de Venezuela? ¿Para quién es un misterio que la política de la Casa Blanca sobre las naciones latinas de este Continente, es una política de absorción, es una política que tiende, además, al sostenimiento de tiranías desenfrenadas como la de Estrada Cabrera en Guatemala y la de Porfirio Díaz en México? ¿Y quién duda ya que dondequiera que aparece un Gobierno que no se somete a la vergonzosa tutela de la plutocracia norteamericana, tarde o temprano se verá comprometido ese Gobierno con revueltas interiores, fraguadas, dirigidas y fomentadas por ricos norteamericanos, siendo los puertos de los Estados Unidos los lugares de donde parten las expediciones filibusteras que van a hacer la guerra en son de revolución contra los Gobiernos de las naciones latinoamericanas que no se plegan a las exigencias del capitalismo de esta nación? ¿No es público y notorio que la revolución contra el presidente Zelaya, de Nicaragua, fue la obra de aventureros norteamericanos, pagados con el oro de Wall Street? Y como si no fuera bastante todo esto, ¿no recuerdan los mexicanos que si se derramó su sangre combatiendo contra la plutocracia de esta nación fue por la ambición de los ricos sobre las tierras de México?

Estos son hechos que hablan con toda su elocuencia. Estos son hechos que están en la memoria de todos; hechos cuyo origen está en la sed insaciable de riquezas de los grandes millonarios norteamericanos, y que han venido a levantar una muralla entre las dos razas pobladoras de este hermoso Continente; muralla que seguirá en pie, enhiesta, insuperable, y que acabaría por convertir en encarnizadas enemigas a dos fracciones importantes de la raza humana, si la propaganda de los libertarios no estuviera prendiendo en el corazón de la gleba de todas las razas sentimientos de amor y de fraternidad, que al robustecerse, derribarán esa barrera levantada por los crímenes del capitalismo, haciendo de todos los intereses uno solo, hermoso, grande: el de la solidaridad.

En México, especialmente —no hay que negarlo— existe un sentimiento de hostilidad bien marcado contra la tendencia absorbente del Gobierno de la Casa Blanca, sentimiento que de día en día se hace más hondo por la acción individual o colectiva de los norteamericanos contra los mexicanos que residen en esta nación. Todos saben con qué desprecio se trata a la raza mexicana en general; todos saben que en Texas se trata a los mexicanos de manera peor que a los negros. En los hoteles, fondas y otros establecimientos públicos de Texas, no se admite al mexicano. Las escuelas oficiales cierran sus puertas a los niños de nuestra raza. Norteamericanos semisalvajes se ejercitan al blanco en los mexicanos. ¡Cuántos hombres de nuestra raza han muerto porque a un salvaje de pelo rubio se le ha ocurrido probar su habilidad en el manejo de las armas disparando sobre ellos, sin que haya mediado disputa alguna! En las llamadas Cortes de justicia se juzga a los mexicanos, generalmente sin formalidad alguna, y se les sentencia a la horca o a sufrir penas tremendas, sin que haya habido prueba, pero ni la menor sospecha de que hayan cometido el delito por el cual se les hace sufrir. Todo esto unido al orgullo que en México muestran los norteamericanos ricos que consideran nuestro desgraciado país como país conquistado, porque el cobarde y traidor tiranuelo que nos oprime, les da todo lo que quieren, les concede todo lo que demandan, les pone en posesión de tierras cultivadas y poseídas por labradores humildes —pues son siempre los pobres los que sufren—, los autoriza ampliamente para que acaben con nuestros bosques, para que exploten para su beneficio único las riquezas de las tierras y los mares mexicanos, para que funjan como autoridades que son casi siempre más brutales que las indígenas; todo esto ha venido a elevar todavía más la barrera que el capitalismo ha puesto entre las dos razas; todo esto ha venido a dificultar la tarea de fraternidad y de amor entre las razas todas del mundo que con nuestros actos y nuestra propaganda tenemos emprendida los libertarios de la Tierra.

Así las cosas, y cuando el pueblo mexicano ve en la plutocracia norteamericana el peor enemigo de sus libertades; cuando se ha dado bien cuenta de que la persecución y las torturas de que fuimos objeto en este país se debieron al deseo de los grandes millonarios norteamericanos de que subsistan en México las condiciones de tiranía y de barbarie que hacen posible para los malvados su rápido enriquecimiento; así las cosas, decimos, no se necesitaba sino un hecho cualquiera para levantar en México una tempestad de protesta, y el hecho que hizo explotar la indignación de que dan cuenta los diarios de esta ciudad es uno de tantos que han tenido por escenario las salvajes llanuras de Texas y por actores una turba de salvajes blancos lanzándose furiosos sobre un humilde mexicano. Un mexicano, Antonio Rodríguez —acusado de homicidio en la persona de una mujer norteamericana, y cuyo crimen no se llegó a probar ante los tribunales—, fue amarrado a un poste por una horda de norteamericanos y se le prendió fuego en vida. Este espantoso crimen tuvo lugar en Rock Springs, Texas, el día 3 de este mes.

Los estudiantes de la ciudad de México acordaron orga-

bién organizaron una manifestación de protesta. Por varias horas las multitudes fueron dueñas de la ciudad. Muchas casas comerciales de norteamericanos fueron lapidadas. Toda la guarnición fue puesta sobre las armas, y después de varios encuentros entre manifestantes y las tropas se disolvieron las multitudes.

El Gobierno de Díaz, con su acostumbrada barbarie, tiene arrestados a más de cien estudiantes en la ciudad de México; ha dado órdenes terminantes a los polizontes y a la soldadesca de que repriman con ferocidad cualquier grito de protesta, y ante las reclamaciones del Gobierno de la Casa Blanca se ha deshecho en explicaciones, satisfacciones y promesas de que va a suprimir todos los periódicos que en virtud de haber publicado artículos protestando contra el linchamiento de Rodríguez, excitaron al pueblo a manifestar su disgusto.

Esto es todo lo que se sabe hasta los momentos de entrar en prensa *Regeneración*. El periódico católico *El País* recomienda el boicot contra los efectos norteamericanos como una protesta. Otros periódicos publican artículos enérgicos contra los crímenes de que son objeto los mexicanos en este país; pero ninguno se atreve a decir la verdad; ninguno abre los labios para decir que es el Capitalismo —el pulpo voraz que chupa la fuerza de los pueblos— el causante de todos esos disturbios, de todos esos crímenes; pues el Capitalismo fomenta el odio de razas para que los pueblos no lleguen a entenderse y así poder reinar a sus anchas.

(De *Regeneración*, noviembre 12 de 1910)

nizar una manifestación de protesta contra ese linchamiento, la que se llevó a efecto la noche del martes 8 de este mes. Una gran multitud se reunió; se pronunciaron discursos vigorosos protestando contra el ultraje. Un grupo numeroso de manifestantes se dirigió a las oficinas del periódico norteamericano *The Mexican Herald*, que, como se sabe, está sostenido por Díaz y es uno de los principales aduladores con que cuenta el despotismo. La multitud hizo pedazos, a pedradas, las vidrieras del edificio.

Al día siguiente, miércoles, los estudiantes, seguidos de una inmensa multitud, recorrieron las calles principales de la ciudad lanzando gritos de protesta contra los asesinatos de que son víctimas los mexicanos en Texas. Varias casas de comercio resultaron con los cristales rotos a pedradas. Una bandera norteamericana fue tomada por la multitud y hecha pedazos, en medio de gritos de indignación por los atropellos cometidos contra mexicanos en este país.

Los periódicos dan cuenta de un norteamericano linchado y un niño descalabrado, también de nacionalidad norteamericana; pero estos hechos no están comprobados y todo se reduce al deseo que tienen los periódicos de atraerse lectores publicando noticias sensacionales.

Igualmente dieron cuenta los periódicos de que fueron arrojadas bombas de dinamita a la residencia del Embajador norteamericano en México. Pero esa noticia como la del linchamiento del norteamericano y la descalabradura del niño, carecen de fundamento.

El miércoles la multitud invadió el edificio donde se edita el periódico más abyecto y más bajo que se publica en México, *El Imparcial*, y se entregó a la tarea de destruir el taller. Los gendarmes montados ocurrieron, y a machetazos dispersaron a los manifestantes, resultando un hombre pasado por el sable de uno de los cosacos.

El miércoles fue cuando ocurrieron los casos más notables. Las tropas cargaron sobre la multitud, resultando dos hombres muertos. Dispersada la multitud en un lugar, se reunía en otro de la ciudad y así sucesivamente. Hubo muchos encuentros entre los esbirros y el pueblo.

La protesta de los habitantes de la ciudad de México tuvo resonancia en Guadalajara, donde los estudiantes tam-

*EL MIEDO DE LA BURGUESIA
ES LA CAUSA DE LA INTERVENCION* [1]

Camaradas:

Hipocresía, ambición irrefrenable, miedo: estos son los ingredientes malditos que entran en la composición de ese acto de piratas que se conoce con el nombre de Intervención norteamericana. El atentado de Veracruz no es el acto gallardo del hombre que se interpone entre el verdugo y la víctima, sino el asalto brutal del bandido, llevado a cabo por sorpresa y por la espalda. La invasión de Veracruz por las fuerzas del capitalismo yanqui, no es el asalto audaz a la trinchera, en pleno día y a sangre y fuego, sino el golpe asestado en las tinieblas por un brazo invisible. La mano que clavó en las alturas de la ciudad sorprendida la bandera de las barras y las estrellas no fue la robusta mano del héroe, inspirado en altos ideales, sino la mano temblorosa del negociante, que lo mismo sabe vaciar de un zarpazo los bolsillos del pueblo, como azuzar sus perros contra el mismo pueblo cuando éste muestra poca disposición para ser desvalijado.

El miedo a la bandera roja

La burguesía de los Estados Unidos —y la de todo el mundo— ve con espanto que el trabajador mexicano ha tomado por su cuenta la obra de su emancipación. La burguesía de todos los países no se siente tranquila ante

[1] Palabras pronunciadas el 4 de julio de 1914 en Santa Paula, California.

el hermoso ejemplo que el proletariado mexicano está
dando desde hace cuatro años, y teme que el ejemplo cunda
a todos los países de la Tierra; teme que de un momento
a otro, aquí mismo, en los Estados Unidos, así como en
Europa y por todas partes, el desheredado enarbole la
bandera de la rebelión, y, a ejemplo de su hermano el
desheredado mexicano, prenda fuego a los palacios de sus
señores, tome posesión de la riqueza y arranque la existencia
de autoridades y ricos.

El insulto a la bandera

La burguesía de todos los países tiene interés, además,
en que México esté poblado por esclavos para que no disminuyan
los negocios. Quiere ver al mexicano eternamente
encorvado, dejando en el trabajo su sangre, su salud y su
porvenir en provecho de sus amos. Estos son los motivos
de la invasión norteamericana. ¡Mentira que el insulto a
la bandera de los Estados Unidos haya precipitado la
guerra con México! Si los ricos y los gobiernos no tuvieran
interés en que los explotados de todo el mundo no sigan
el ejemplo de los desheredados de México; si el derecho
de propiedad privada y el principio de autoridad no
bamboleasen en México al empuje de los dignos proletarios
rebeldes, no declararían la guerra, así pudiera permanecer
eternamente en la bandera estrellada la saliva de
Huerta.

Es, pues, el miedo de los grandes de la Tierra la causa
de la guerra con México: el miedo a que se extienda por
todo el mundo el movimiento mexicano, y el miedo a
perder, para sus negocios, ese rico filón de oro que se
llama México.

La libertad económica

Los hechos desarrollados en México desde hace cuatro
años muestran que el desheredado mexicano está levantado
en armas con el fin de conquistar, de una vez para siempre,
su libertad económica; esto es, la posibilidad de satisfacer
todas sus necesidades tanto materiales como intelectuales,
tanto las del cuerpo como las del pensamiento,

sin necesidad de depender de un amo. La toma de posesión de la tierra y de los instrumentos de labranza, llevada a cabo en distintas regiones del país por las poblaciones sublevadas, indica que el proletariado mexicano ha empuñado el fusil, no para darse el extraño gusto de echarse encima de los hombros un nuevo gobernante, sino para conquistar la posibilidad de vivir sin depender de nadie, que es lo que debe entenderse por libertad económica.

Acción directa

El capitalismo ríe cuando el trabajador emplea la boleta electoral para conquistar su libertad económica; pero tiembla cuando el trabajador hace pedazos, indignado, las boletas, que sólo sirven para nombrar parásitos, y empuña el rifle para arrancar resueltamente de las manos del rico el bienestar y la libertad. Ríe el capitalismo ante las masas obreras que votan, porque sabe bien que el Gobierno es el instrumento de los que poseen bienes materiales y el natural enemigo de los desheredados, por socialista que sea; pero su risa se torna en convulsión de terror cuando, perdida la confianza y la fe en el paternalismo de los gobiernos, el trabajador endereza el cuerpo, pisotea la ley, tiene confianza en sus puños, rompe sus cadenas y abre, con éstas, el cráneo de las autoridades y los ricos...

Quieren esclavos

Veis, pues, que el capitalismo de todos los países tiene interés en que los trabajadores de otras partes del mundo no tomen ejemplo de los trabajadores mexicanos, y ese es el motivo que los ha empujado a obligar al Gobierno de los Estados Unidos a intervenir en México. Poco importa a los capitalistas el insulto a la bandera de las barras y las estrellas; ellos mismos se ríen de ese trapo; ellos mismos hacen escarnio de ese hilacho, adornando con él las colas de los caballos y de los perros. Lo que a los capitalistas les interesa es que el trabajador mexicano siga trabajando de sol a sol, por un salario de hambre; lo que a los capitalistas les interesa, es que el trabajador mexicano siga encorvado sobre el surco, fecundando con su sudor una tierra que no es suya; lo que a los capitalistas interesa es que haya un Gobierno estable en México que responda, a balazos, las demandas de los trabajadores.

El Gobierno, protector de los ricos

¡Un Gobierno!: eso es todo lo que piden los capitalistas, tanto mexicanos como de todo el mundo, porque ellos saben bien que gobierno es tiranía; porque ellos —los capitalistas— son los verdaderos gobernantes; pues los gobernantes, lo mismo sean presidentes como sean reyes, no son otra cosa que los perros guardianes del Capital.

¿Qué beneficio le viene al pobre con tener un Gobierno? ¿Tiene, siquiera, pan, albergue, vestido y educación para sus hijos? ¿Es respetado el pobre por los representantes de la autoridad? Para el pobre, el Gobierno es un verdugo. El pobre tiene que trabajar para pagar contribuciones al Gobierno, y el Gobierno tiene por misión defender los intereses de los ricos. ¿No es esto un contrasentido? El Gobierno tiene gendarmes destinados a velar por los intereses de los ciudadanos; pero ¿qué intereses materiales tiene que perder el pobre? Desengañémonos, trabajadores: los pobres tenemos que pagar para que los bienes de los ricos sean protegidos; somos las víctimas las que tenemos que mantener, con nuestro sudor y nuestros sufrimientos, a los encargados de velar por la seguridad de los bienes de nuestros verdugos, los bienes que en manos de los ricos son el origen de nuestra esclavitud, son la fuente de nuestro infortunio.

Por eso los liberales gritamos: ¡muera todo Gobierno! Y nuestros hermanos, los miembros del Partido Liberal mexicano, luchan y mueren en los campos de la acción con el propósito de librar al pueblo mexicano de ese monstruo de tres cabezas: Gobierno, Capital, Clero. Y en su acción redentora el esclavo de ayer se enfrenta a sus señores, ya no como el siervo de antes, sino como hombre, con la bomba de dinamita en una mano y tremolando en la otra la bandera roja de Tierra y Libertad.

La explotación

Es que ha llegado el momento de tomar. Pasó, tal vez para no volver jamás, la época de la súplica y del ruego. Ya no piden pan más que los cobardes; los valientes toman. A los que se rompen la cabeza para obtener de sus amos la jornada de ocho horas, se les ve con lástima; los buenos no solamente rechazan la gracia de las ocho horas, sino que rechazan el sistema de salarios, y consecuentes con sus doctrinas, con la misma mano con que se apoderan de la riqueza que indebidamente retiene el rico, parten el corazón de éste en dos, porque saben que si el burgués sobrevive a su derrota, la derrota se transforma en reacción y la reacción en la amenaza de la Revolución.

Por todo esto la Revolución mexicana es el espectáculo más grandioso que han contemplado las edades. El proletario rebelde hace pedazos la ley, quema los archivos judiciales y de la propiedad, incendia las guaridas de la burguesía y de la autoridad, y con la mano con que antes hacía el signo de la cruz, con la mano que antes se extendía suplicante ante sus señores, con la mano creadora que sólo había servido para amasar la fortuna de sus amos, toma posesión de la tierra y de los instrumentos de trabajo, declarándolo todo, propiedad de todos.

La ruina de la burguesía

Ya comprenderéis, hermanos desheredados, la impresión que este generoso movimiento habrá producido en el ánimo de los burgueses de todo el mundo. Ellos, que nos quisieran ver agonizantes a las plantas del hacendado y del cacique; ellos, que sueñan con que el país vuelva a estar en las mismas condiciones en que se encontraba, bajo el despotismo de Porfirio Díaz. Pero esos tiempos se fueron para no volver jamás. Hoy para cada burgués tenemos un puñal; para cada gobernante tenemos una bomba. Pasaron aquellos tiempos en que el burgués hacía tranquilamente la digestión mientras sus esclavos se arrastraban sobre el surco o se consumían, de anemia y de fatiga, en el fondo de la mina y de la fábrica. Ahora el burgués tiene que franquear las fronteras del país, si no quiere balancear de un poste de telégrafo.

No quieren la guillotina

"Por humanidad, dicen los burgueses, es necesario que los Estados Unidos intervengan en México." ¡Por humanidad! ¿Quiénes nos hablan de humanidad? Nos hablan de humanidad los chacales carniceros que han bebido la sangre de los pobres. Nos hablan de humanidad los vampiros que no han tenido una mirada de compasión para los pobres. Ellos saben bien que en nuestros hogares no hay lumbre; ellos saben bien que nuestros pequeñuelos tienen hambre; ellos han visto nuestras covachas; ellos se han reído de nuestros andrajos; ellos nos han apartado con el bastón en el paseo para que no les ensuciemos sus vestidos; ellos nos han visto reventar de hambre a la vuelta de una esquina; ellos nos explotan mientras nuestros brazos son fuertes, y nos arrojan a la calle cuando somos viejos, ellos explotan los bracitos de nuestros hijos, imposibilitándolos para ganarse el pan más tarde; ellos conocen todos nuestros sufrimientos, sufrimientos causados por ellos, sufrimientos de los cuales ellos sacan su poder y su riqueza. ¿Cuándo han tenido para los pobres una mirada de lástima siquiera? No, hermanos de infortunio, no es "por humanidad" por lo que los burgueses están urgiendo la intervención; lo que ellos quieren es que se salve el sistema capitalista amenazado hoy de muerte por la acción del proletariado en armas; lo que ellos quieren es salvar sus riquezas y ahorrar a la guillotina el trabajo de cortarles el pescuezo.

Tierra y Libertad o muerte

Pero todos los esfuerzos de la arrogante burguesía resultarán inútiles. El trabajador ha levantado la cabeza; el trabajador sabe que entre las dos clases —la de los hambrientos y la de los hartos, la de los pobres y la de los ricos— no puede haber paz, no debe haber paz, sino guerra sin tregua, sin cuartel, hasta que la clase trabajadora triunfante haya echado la última paletada de tierra sobre el sepulcro del último burgués y del último representante de la Autoridad, y los hombres redimidos puedan, al fin, darse un abrazo de hermanos y de iguales.

(De *Regeneración*.)

MANIFIESTO DEL PARTIDO LIBERAL

23 de septiembre de 1911.

Mexicanos:

La Junta Organizadora del Partido Liberal mexicano ve con simpatía vuestros esfuerzos para poner en práctica los altos ideales de emancipación política, económica y social, cuyo imperio sobre la Tierra pondrá fin a esa ya bastante larga contienda del hombre contra el hombre, que tiene su origen en la desigualdad de fortunas que nace del principio de la propiedad privada.

Abolir ese principio significa el aniquilamiento de todas las instituciones políticas, económicas, sociales, religiosas y morales que componen el ambiente dentro del cual se asfixian la libre iniciativa y la libre asociación de los seres humanos que se ven obligados, para no perecer, a entablar entre sí una encarnizada competencia, de la que salen triunfantes, no los más buenos, ni los más abnegados, ni los mejor dotados en lo físico, en lo moral o en lo intelectual, sino los más astutos, los más egoístas, los menos escrupulosos, los más duros de corazón, los que colocan su bienestar personal sobre cualquier consideración de humana solidaridad y de humana justicia.

Sin el principio de la propiedad privada no tiene razón de ser el Gobierno, necesario tan sólo para tener a raya a los desheredados en sus querellas o en sus rebeldías contra los detentadores de la riqueza social; ni tendrá razón de ser la Iglesia, cuyo exclusivo objeto es estrangular en el ser humano la innata rebeldía contra la opresión y la explotación por la prédica de la paciencia, de la resignación y de la humildad, acallando los gritos de los instintos más poderosos y fecundos con la práctica de penitencias inmorales, crueles y nocivas a la salud de las personas, y, para que los pobres no aspiren a los goces de la tierra y constituyan un peligro para los privilegios de los ricos, prometen a los humildes, a los más resignados, a los más pacientes, un cielo que se mece en el infinito, más allá de las estrellas que se alcanzan a ver...

Capital, Autoridad, Clero: he ahí la trinidad sombría que hace de esta bella tierra un paraíso para los que han logrado acaparar en sus garras por la astucia, la violencia y el crimen, el producto del sudor, de la sangre, de las lágrimas y del sacrificio de miles de generaciones de trabajadores, y un infierno para los que con sus brazos y su inteligencia trabajan la tierra, mueven la maquinaria, edifican las casas, transportan los productos, quedando de esa manera dividida la humanidad en dos clases sociales de intereses diametralmente opuestos: la clase capitalista y la clase trabajadora; la clase que posee la tierra, la maquinaria de producción y los medios de transportación de las riquezas, y la clase que no cuenta más que con sus brazos y su inteligencia para proporcionarse el sustento.

Entre estas dos clases sociales no puede existir vínculo alguno de amistad ni de fraternidad, porque la clase poseedora está siempre dispuesta a perpetuar el sistema económico, político y social que garantiza el tranquilo disfrute de sus rapiñas, mientras la clase trabajadora hace esfuerzos por destruir ese sistema inicuo para instaurar un medio en el cual la tierra, las casas, la maquinaria de producción y los medios de transportación sean de uso común.

Mexicanos: El Partido Liberal mexicano reconoce que todo ser humano, por el solo hecho de venir a la vida, tiene derecho a gozar de todas y cada una de las ventajas que la civilización moderna ofrece, porque esas ventajas son el producto del esfuerzo y del sacrificio de la clase trabajadora de todos los tiempos.

El Partido Liberal mexicano reconoce, como necesario, el trabajo para la subsistencia, y, por lo tanto, todos, con excepción de los ancianos, de los impedidos e inútiles y de los niños, tienen que dedicarse a producir algo útil para poder dar satisfacción a sus necesidades.

El Partido Liberal mexicano reconoce que el llamado derecho de propiedad individual es un derecho inicuo, porque sujeta al mayor número de seres humanos a trabajar y a sufrir para la satisfacción y el ocio de un pequeño número de capitalistas.

El Partido Liberal mexicano reconoce que la Autoridad y el Clero son el sostén de la iniquidad Capital, y, por lo tanto, la Junta Organizadora del Partido Liberal mexicano ha declarado solemnemente guerra a la Autoridad, guerra al Capital, guerra al Clero.

Contra el Capital, la Autoridad y el Clero, el Partido Liberal mexicano tiene enarbolada la bandera roja en los campos de la acción en México, donde nuestros hermanos se baten como leones, disputando la victoria a las huestes de la burguesía, o sean: maderistas, reyistas, vazquistas, científicos y tantas otras cuyo único propósito es encumbrar a un hombre a la primera magistratura del país, para hacer negocio a su sombra sin consideración alguna a la masa entera de la población de México, y reconociendo todas ellas, como sagrado, el derecho de propiedad individual.

En estos momentos de confusión, tan propicios para el ataque contra la opresión y la explotación; en estos momentos en que la Autoridad, quebrantada, desequilibrada, vacilante, acometida por todos sus flancos por las fuerzas de todas las pasiones desatadas, por la tempestad de todos los apetitos avivados por la esperanza de un próximo hartazgo, en estos momentos de zozobra, de angustia, de terror para todos los privilegios, masas compactas de desheredados invaden las tierras, queman los títulos de propiedad, ponen las manos creadoras sobre la fecunda tierra y amenazan con el puño a todo lo que ayer era respetable: Autoridad, Capital y Clero; abren el surco, esparcen la semilla y esperan, emocionados, los primeros frutos de un trabajo libre.

Estos son, mexicanos, los primeros resultados prácticos de la propaganda y de la acción de los soldados del proletariado, de los generosos sostenedores de nuestros principios igualitarios, de nuestros hermanos que desafían toda imposición y toda explotación con este grito de muerte para todos los de arriba y de vida y de esperanza para todos los de abajo: ¡Vida, Tierra y Libertad!

La tormenta se recrudece día a día: maderistas, vazquistas, reyistas, científicos, delabarristas os llaman a gritos, mexicanos, a que voléis a defender sus desteñidas banderas, protectoras de los privilegios de la clase capitalista. No escuchéis las dulces canciones de esas sirenas, que quieren aprovecharse de vuestro sacrificio para establecer un Gobierno, esto es, un nuevo perro que proteja los intereses de los ricos. ¡Arriba todos; pero para llevar a cabo la expropiación de los bienes que detentan los ricos!

La expropiación tiene que ser llevada a cabo a sangre y fuego durante este grandioso movimiento, como lo han hecho y lo están haciendo nuestros hermanos los habitantes de Morelos, sur de Puebla, Michoacán, Guerrero, Veracruz, norte de Tamaulipas, Durango, Sonora, Sinaloa, Jalisco, Chihuahua, Oaxaca, Yucatán, Quintana Roo y regiones de otros Estados, según ha tenido que confesar la misma prensa burguesa de México, en que los proletarios han tomado posesión de la tierra sin esperar a que un Gobierno paternal se dignase hacerlos felices, conscientes de que no hay que esperar nada bueno de los Gobiernos y de que "la emancipación de los trabajadores debe ser obra de los trabajadores mismos".

Estos primeros actos de expropiación han sido coronados por el más risueño de los éxitos; pero no hay que limitarse a tomar tan sólo posesión de la tierra y de los implementos de agricultura: hay que tomar resueltamente posesión de todas las industrias por los trabajadores de las mismas, consiguiéndose de esa manera que las tierras, las minas, las fábricas, los talleres, las fundiciones, los carros, los ferrocarriles, los barcos, los almacenes de todo género y las casas queden en poder de todos y cada uno de los habitantes de México, sin distinción de sexo.

Los habitantes de cada región en que tal acto de suprema justicia se lleve a cabo no tienen otra cosa que hacer que ponerse de acuerdo para que todos los efectos que se hallen en las tiendas, almacenes, graneros, etc., sean conducidos a un lugar de fácil acceso para todos, donde hombres y mujeres de buena voluntad practicarán un minucioso inventario de todo lo que se haya recogido, para calcular la duración de esas existencias, teniendo en cuenta las necesidades y el número de los habitantes que tienen que hacer uso de ellas, desde el momento de la expropiación hasta que en el campo se levanten las primeras cosechas y en las demás industrias se produzcan los primeros efectos.

Hecho el inventario, los trabajadores de las diferentes industrias se entenderán entre sí fraternalmente para regular la producción; de manera que, durante este movimiento, nadie carezca de nada, y sólo se morirán de hambre aquellos que no quieran trabajar, con excepción de los ancianos, los impedidos y los niños, que tendrán derecho a gozar de todo.

Todo lo que se produzca será enviado al almacén general en la comunidad del que todos tendrán derecho a tomar *todo lo que necesiten según sus necesidades*, sin otro requisito que mostrar una contraseña que demuestre que se está trabajando en tal o cual industria.

Como la aspiración del ser humano es tener el mayor número de satisfacciones con el menor esfuerzo posible, el medio más adecuado para obtener ese resultado es el trabajo en común de la tierra y de las demás industrias. Si se divide la tierra y cada familia toma un pedazo, además del grave peligro que se corre de caer nuevamente en el sistema capitalista, pues no faltarán hombres astutos o que tengan hábitos de ahorro que logren tener más que otros y puedan a la larga poder explotar a sus semejantes; además de este grave peligro, está el hecho de que si una familia trabaja un pedazo de tierra, tendrá que trabajar tanto o más que como se hace hoy bajo el sistema de la propiedad individual para obtener el mismo resultado mezquino que se obtiene actualmente; mientras que si se une la tierra y la trabajan en común los campesinos, trabajarán menos y producirán más. Por supuesto que no ha de faltar tierra para que cada persona pueda tener su casa y un buen solar para dedicarlo a los usos que sean de su agrado. Lo mismo que se dice del trabajo en común de la tierra, puede decirse del trabajo en común de la fábrica, del taller, etc.; pero cada quien, según su temperamento, según sus gustos, según sus inclinaciones, podrá escoger el género de trabajo que mejor le acomode, con tal de que produzca lo suficiente para cubrir sus necesidades y no sea una carga para la comunidad.

Obrándose de la manera apuntada, esto es, siguiendo inmediatamente a la expropiación la organización de la producción, libre ya de amos y basada en las necesidades de los habitantes de cada región, nadie carecerá de nada a pesar del movimiento armado, hasta que, terminado este movimiento con la desaparición del último burgués y de la última autoridad o agente de ella, hecha pedazos la ley sostenedora de privilegios y puesto todo en manos de los que trabajan, nos estrechemos todos en fraternal abrazo y celebremos con gritos de júbilo la instauración de un sistema que garantizará a todo ser humano el pan y la libertad.

Mexicanos: por esto es por lo que lucha el Partido Liberal mexicano. Por esto es por lo que derrama su sangre generosa una pléyade de héroes, que se baten bajo la bandera roja al grito prestigioso de ¡Tierra y Libertad!

Los liberales no han dejado caer las armas a pesar de los tratados de paz del traidor Madero con el tirano Díaz, y a pesar, también, de las incitaciones de la burguesía, que ha tratado de llenar de oro sus bolsillos, y esto ha sido así, porque los liberales somos hombres convencidos de que la libertad política no aprovecha a los pobres sino a los cazadores de empleos, y nuestro objeto no es alcanzar empleos ni distinciones, sino arrebatarlo todo de las manos de la burguesía, para que todo quede en poder de los trabajadores.

La actividad de las diferentes banderías políticas que en estos momentos se disputan la supremacía, para hacer, la que triunfe, exactamente lo mismo que hizo el tirano Porfirio Díaz, porque ningún hombre, por bien intencionado que sea, puede hacer algo en favor de la clase pobre cuando se encuentra en el poder; esa actividad ha producido el caos que debemos aprovechar los desheredados, tomando ventajas de las circunstancias especiales en que se encuentra el país, para poner en práctica, sin pérdida de tiempo, sobre la marcha, los ideales sublimes del Partido Liberal mexicano, sin esperar a que se haga la paz para efectuar la expropiación, pues para entonces ya se habrán agotado las existencias de efectos en las tiendas, graneros, almacenes y otros depósitos, y como al mismo tiempo, por el estado de guerra en que se había encontrado el país, la producción se había suspendido, el hambre sería la consecuencia de la lucha, mientras que efectuando la expropiación y la organización del trabajo libre durante el movimiento, ni se carecerá de lo necesario en medio del movimiento ni después.

Mexicanos: si queréis ser de una vez libres no luchéis

por otra causa que no sea la del Partido Liberal mexicano. Todos os ofrecen libertad política para después del triunfo: los liberales os invitamos a tomar la tierra, la maquinaria, los medios de transportación y las casas desde luego, sin esperar a que nadie os dé todo ello, sin aguardar a que una ley decrete tal cosa, porque las leyes no son hechas por los pobres, sino por señores de levita, que se cuidan bien de hacer leyes en contra de su casta.

Es el deber de nosotros los pobres trabajar y luchar por romper las cadenas que nos hacen esclavos. Dejar la solución de nuestros problemas a las clases educadas y ricas es ponernos voluntariamente entre sus garras. Nosotros los plebeyos; nosotros los andrajosos; nosotros los hambrientos; los que no tenemos un terrón donde reclinar la cabeza; los que vivimos atormentados por la incertidumbre del pan de mañana para nuestras compañeras y nuestros hijos; los que, llegados a viejos, somos despedidos ignominiosamente porque ya no podemos trabajar, toca a nosotros hacer esfuerzos poderosos, sacrificios mil para destruir hasta sus cimientos el edificio de la vieja sociedad que ha sido hasta aquí una madre cariñosa para los ricos y los malvados, y una madrastra huraña para los que trabajan y son buenos.

Todos los males que aquejan al ser humano provienen del sistema actual, que obliga a la mayoría de la humanidad a trabajar y a sacrificarse para que una minoría privilegiada satisfaga todas sus necesidades y aun todos sus caprichos, viviendo en la ociosidad y en el vicio. Y menos malo si todos los pobres tuvieran asegurado el trabajo; como la producción no está arreglada para satisfacer las necesidades de los trabajadores sino para dejar utilidades a los burgueses, éstos se dan maña para no producir más que lo que calculan que pueden expender, y de ahí los paros periódicos de las industrias o la restricción del número de trabajadores, que provienen, también, del hecho del perfeccionamiento de la maquinaria, que suple con ventajas los brazos del proletariado.

Para acabar con todo eso es preciso que los trabajadores tengan en sus manos la tierra y la maquinaria de producción, y sean ellos los que regulen la producción de las riquezas atendiendo a las necesidades de ellos mismos.

El robo, la prostitución, el asesinato, el incendiarismo, la estafa, son productos del sistema que coloca al hombre y a la mujer en condiciones en que para no morir de hambre se ven obligados a tomar de donde hay o a prostituirse, pues en la mayoría de los casos, aunque se tengan deseos grandísimos de trabajar, no se consigue trabajo, o es éste tan mal pagado, que no alcanza el salario ni para cubrir las más imperiosas necesidades del individuo y de la familia, aparte de que la duración del trabajo bajo el presente sistema capitalista y las condiciones en que se efectúa, acaban en poco tiempo con la salud del trabajador, y aun con su vida, en las catástrofes industriales, que no tienen otro origen que el desprecio con que la clase capitalista ve a los que se sacrifican por ella.

Irritado el pobre por la injusticia de que es objeto; colérico ante el lujo insultante que ostentan los que nada hacen; apaleado en las calles por el polizonte por el delito de ser pobre; obligado a alquilar sus brazos en trabajos que no son de su agrado; mal retribuido, despreciado por todos los que saben más que él o por los que por dinero se creen superiores a los que nada tienen; ante la expectativa de una vejez tristísima y de una muerte de animal despedido de la cuadra por inservible; inquieto ante la posibilidad de quedar sin trabajo de un día para otro; obligado a ver como enemigo a los mismos de su clase, porque no sabe quién de ellos será el que vaya a alquilarse por menos de lo que él gana, es natural que en estas circunstancias se desarrollen en el ser humano instintos antisociales y sean el crimen, la prostitución, la deslealtad los naturales frutos del viejo y odioso sistema, que queremos destruir hasta en sus más profundas raíces para crear uno nuevo de amor, de igualdad, de justicia, de fraternidad, de libertad.

¡Arriba todos como un solo hombre! En las manos de todos están la tranquilidad, el bienestar, la libertad, la satisfacción de todos los apetitos sanos; pero no nos dejemos guiar por directores; que cada quien sea el amo de sí mismo; que todo se arregle por el consentimiento mutuo de las individualidades libres. ¡Muera la esclavitud! ¡Muera el hambre! ¡Vida, Tierra y Libertad!

Mexicanos: con la mano puesta en el corazón y con nuestra conciencia tranquila, os hacemos un formal y solemne llamamiento a que adoptéis, todos, hombres y mujeres, los altos ideales del Partido Liberal mexicano. Mientras haya pobres y ricos, gobernantes y gobernados, no habrá paz, ni es de desearse que la haya porque esa paz estaría fundada en la desigualdad política, económica y social, de millones de seres humanos que sufren hambre, ultrajes, prisión y muerte, mientras una pequeña minoría goza de toda suerte de placeres y de libertades por no hacer nada.

¡A la lucha!; a expropiar con la idea del beneficio para todos y no para unos cuantos, que esta guerra no es una guerra de bandidos, sino de hombres y mujeres que desean que todos sean hermanos y gocen, como tales, de los bienes que nos brinda la Naturaleza y el brazo y la inteligencia del hombre han creado, con la única condición de dedicarse cada quien a un trabajo verdaderamente útil.

La libertad y el bienestar están al alcance de nuestras manos. El mismo esfuerzo y el mismo sacrificio que cuesta elevar a un gobernante, esto es, un tirano, cuesta la expropiación de los bienes que detentan los ricos. A escoger, pues: o un nuevo gobernante, esto es un nuevo yugo, o la expropiación salvadora y la abolición de toda imposición religiosa, política o de cualquier otro orden.

¡Tierra y Libertad![1]

EL MUNDO MARCHA

Cuando en 1906 expedimos en Saint Louis, Missouri, nuestro programa de reformas, los "sensatos", los "serios", los "cabeza-frías", así como los timoratos, los pusilánimes, los cortos de espíritu, se retorcían los brazos y exclamaban:

[1] El Manifiesto del Partido Liberal fue emitido en Los Angeles, California, Estados Unidos. Lo firmaban, a nombre de la Junta Organizadora, Ricardo Flores Magón, Anselmo L. Figueroa, Librado Rivera y Enrique Flores Magón.

¡Qué audacia! ¡Qué atrevimiento! ¡El pueblo mexicano —gritaban— es muy ignorante para que pueda aprovechar esas reformas!

Se nos llamó locos, desequilibrados, lunáticos, utopistas, a pesar de que era poca cosa lo que en el programa se pedía: repartición de tierras, leyes sobre el trabajo, etc. ¡Un tímido programa socialista!

Pasa el tiempo. El pueblo se levanta en armas contra sus tiranos, y de mil maneras demuestra que quiere mejorar de condición. Entonces los "sensatos", los "serios", los "cabeza-frías" adoptan nuestro programa de 1906, y no se conforman con adoptarle como una promesa que debiera realizarse al triunfo de cualquier bandería política, de las que quieren gobierno, sino que, para aplacar el ardor revolucionario de las masas que ya no quieren esperar, que ya no se conforman con simples promesas escritas, sino que quieren ver desde luego, sin tardanza, la realización de los programas, se apresuran a poner en práctica las tímidas reformas que ayer llamaron utopías. Carranza, por ejemplo, está repartiendo tierras, suprimiendo tiendas de raya, suprimiendo jefaturas políticas, aboliendo las deudas de los peones, esbozando leyes protectoras del trabajador; en una palabra, está poniendo en práctica el programa del Partido Liberal mexicano, expedido el 1o. de julio de 1906.

Pasa el tiempo, y expedimos nuestro Manifiesto de 23 de septiembre de 1911 en el cual se aboga por la implantación del comunismo anarquista en México. Los "sensatos", los "serios", los "cabeza-frías" vuelven a llamarnos locos, desequilibrados, lunáticos, utopistas, alegando que el pueblo mexicano no está preparado para la anarquía; pero contra los argumentos más o menos brillantes de esos "serios" se levantan elocuentes los hechos para demostrar que no somos locos ni desequilibrados ni lunáticos; que nuestras teorías responden a necesidades fuertemente sentidas por una buena parte de la población mexicana: que nuestras ideas no son hijas de una fantasía loca, sino el resultado de la observación, del estudio atento de las costumbres, de las tendencias, de las tradiciones, del temperamento, de los instintos, del ambiente tanto físico como moral, en suma, de todo lo que contribuye a la formación de la mentalidad del pueblo mexicano.

Locos son los que se empeñan en conservar el principio de autoridad para un pueblo que apuñalea al gendarme, mira con odio al soldado y se siente inquieto cuando escucha las palabras: juez, magistrado, gobernante, que, para él, no significan amparo o apoyo, sino opresión e injusticia.

Locos son los que quieren respete la ley un pueblo que quema archivos judiciales y administrativos; que no necesita juez ni cura para unirse en matrimonio; que oculta y protege al delincuente; que canta las hazañas de los que se ponen fuera de la ley; que toma de donde hay; que mira en el prisionero no a un ser despreciable, sino a una víctima y a un mártir digno de simpatía y de respeto.

Locos son los que tratan de hacer vivir el sistema de la propiedad privada, que es el que produce la desigualdad social, para un pueblo que tiene conciencia de clase; que odio al roto, al curro y al catrín; que se siente humillado si se le da una limosna.

Y cuando se lanza una mirada a ese caos grandioso que se llama Revolución mexicana y se analizan los hechos que actualmente ocurren, se comprenderá sin esfuerzo que nuestro Manifiesto de 23 de septiembre de 1911 no es aún cuña encajada a golpes de marro en el movimiento revolucionario, sino la expresión más sincera de un conjunto de ideas y de sentimientos que viven en el cerebro y en el corazón del pueblo mexicano.

Estas ideas y estos sentimientos forman en la actualidad el ambiente dentro del cual se desarrollan hechos de la mayor importancia para el movimiento obrero mundial. Extensas zonas permanecen sustraídas a toda autoridad; el Capitalismo ha desaparecido de grandes regiones; el Clero tiende su vuelo al extranjero.

Tengamos confianza en el porvenir. Nuestro programa de 1906 está siendo practicado por el Gobierno, y nuestro Manifiesto de 23 de septiembre de 1911 está siendo practicado por las masas desheredadas. ¡Adelante! ¿Por qué no debemos esperar que el resultado de la presente Revolución sea el comunismo anarquista? ¿No ya también los prohombres del carrancismo comienzan a hacer propaganda anarquista? Léanse con atención los escritos de Gerardo Murillo, que escribe con el seudónimo de Dr. Atl, y se encontrará en ellos más material anarquista que en muchos periódicos anarquistas.

Eso se debe a que en el ambiente flotan nuestras ideas. El Manifiesto de 23 de septiembre de 1911 triunfará.

(De *Regeneración*, octubre 9 de 1915.)

INDICE

	página
Flores Magón	5
Clarinada de combate	9
Vamos hacia la vida	11
Los ilegales	13
Los utopistas	15
Yo no quiero ser tirano	17
¡Imposible!	18
La Constitución	19
En pos de la libertad	20
A los proletarios	27
A la mujer	31
La Revolución	35
La guerra social	38
La patria burguesa y la patria universal	41
El horror a la Revolución	48

¡Despierta, proletario!	51
El derecho de propiedad	54
Libertad, Igualdad, Fraternidad	57
Carne de cañón	64
Libertad política	69
La sociedad del futuro	73
Francisco I. Madero es un traidor a la causa de la libertad	77
Diferencias con Madero	83
El rebaño inconsciente se agita bajo el látigo de la verdad	89
La obra de Juárez	98
"¡No quiero ser esclavo!"	102
Orientación de la Revolución Mexicana	106
La repercusión de un linchamiento	111
El miedo de la burguesía es la causa de la intervención	117
Manifiesto del Partido Liberal	123
El mundo marcha	131

Edición 2 000 ejemplares, noviembre de 1985
Poligráfica s.a.
Av. del Taller No. 9 Col. Vista Alegre